야생 붓꽃

The Wild Iris

야생 붓꽃

루이즈 글릭 지음
정은귀 옮김

시공사

일러두기

- 본문의 이탤릭체는 원서에서도 이탤릭체로 표기된 부분이다.

- 외국 인명·지명·작품명과 독음은 외래어표기법에 따랐다.

- 식물 이름 앞에 '참~', '개~'를 붙여서 식용 여부와 약의 효능 여부를 가렸다.

캐서린 데이비스
메러디스 호핀
데이비드 랭스턴에게

존과 노아에게

차
례

야생 붓꽃 THE WILD IRIS   11

아침 기도 MATINS   13

아침 기도 MATINS   14

연령초 TRILLIUM   15

광대수염꽃 LAMIUM   17

눈풀꽃 SNOWDROPS   18

맑은 아침 CLEAR MORNING   19

봄 눈 SPRING SNOW   21

겨울의 끝 END OF WINTER   22

아침 기도 MATINS   24

아침 기도 MATINS   25

실라꽃 SCILLA   26

물러가는 바람 RETREATING WIND   27

정원 THE GARDEN   29

산사나무 THE HAWTHORN TREE   31

달빛 속의 사랑 LOVE IN MOONLIGHT   32

사월 APRIL   33

제비꽃 VIOLETS 35

개기장풀 WITCHGRASS 36

꽃고비 THE JACOB'S LADDER 39

아침 기도 MATINS 40

아침 기도 MATINS 41

노래 SONG 43

들꽃 FIELD FLOWERS 45

꽃양귀비 THE RED POPPY 47

클로버 CLOVER 48

아침 기도 MATINS 50

하늘과 땅 HEAVEN AND EARTH 52

입구 THE DOORWAY 54

한여름 MIDSUMMER 56

저녁 기도 VESPERS 58

저녁 기도 VESPERS 60

저녁 기도 VESPERS 62

데이지꽃 DAISIES 64

여름의 끝 END OF SUMMER   66

저녁 기도 VESPERS   68

저녁 기도 VESPERS   69

저녁 기도 VESPERS   70

이른 어둠 EARLY DARKNESS   71

수확 HARVEST   73

하얀 장미 THE WHITE ROSE   74

나팔꽃 IPOMOEA   76

프레스크 아일 PRESQUE ISLE   77

물러가는 빛 RETREATING LIGHT   79

저녁 기도 VESPERS   81

저녁 기도: 재림 VESPERS: PAROUSIA   82

저녁 기도 VESPERS   84

저녁 기도 VESPERS   86

저녁노을 SUNSET   88

자장가 LULLABY   89

은빛 백합 THE SILVER LILY   90

구월의 황혼 SEPTEMBER TWILIGHT   92

금빛 백합 THE GOLD LILY   94

흰 백합 THE WHITE LILIES   95

야생 붓꽃

THE WILD IRIS

내 고통의 끝자락에
문이 하나 있었어.

내 말 좀 끝까지 들어 봐: 그대가 죽음이라 부르는 걸
나 기억하고 있다고.

머리 위, 소음들, 흔들리는 소나무 가지들,
그리곤 아무 것 없어. 힘없는 태양은
메마른 땅 표면에 어른거리네.

끔찍해, 어두운 대지에 파묻힌
의식으로
살아남는다는 건.

그러고는 끝이 났지: 네가 두려워하는 것, 영혼으로
있으면서 말을 하지
못하는 상태가, 갑자기 끝나고, 딱딱한 대지가
살짝 휘어졌어. 키 작은 나무들 사이로
내가 새라고 생각했던 것들이 빠르게 날고.

다른 세상에서 오는 길을
기억하지 못하는 너,
네게 말하네, 나 다시 말할 수 있을 거라고: 망각에서
돌아오는 것은 무엇이든
목소리를 찾으러 돌아오는 거라고:

내 생명의 한가운데서 거대한
물줄기가 솟아났네, 하늘빛 바닷물에
깊고 푸른 그림자들이.

아침 기도

MATINS

햇살 비추고; 우편함 옆에, 갈라진 자작나무
이파리들이 지느러미처럼 주름 잡혀 포개져 있어요.
그 아래, 하얀 수선화들, 얼음 날개,³
    나팔 수선화의 속 빈 줄기들; 야생
제비꽃 어두운 이파리들. 노아가 말하네요,
우울증 환자들은 봄을 끔찍이 싫어한다고,
안과 밖의 세계가 불균형해지니까. 내 경우는
달라요—맞아, 우울하면 그렇지, 하지만 어느 정도는 살아 있는
나무에 열정적으로 착 달라붙어서, 내 몸은
실은 쪼개진 나무 몸통에 동그마니 웅크려, 평화로울 정도야,
    저녁 비에
수액이 보글보글 올라오는 걸
느낄 수 있을 정도인 걸: 노아가 말하네요, 이게 바로
우울증 환자들의 오류라고, 나무와 스스로를
동일시하는 것, 반면에 행복한 마음은
정원을 배회한다고, 떨어지는 이파리처럼, 전체가 아닌
부분의 형상으로 말이지요.

아침 기도

MATINS

닿을 수 없는 아버지, 우리가 처음

천국에서 추방되었을 때 당신은 모형을

하나 만들었지요, 어느 점에선

천국과 다른 장소, 교훈을

주려고 고안한 거죠: 그것 말고는

똑같았죠— 어느 쪽이든 아름다움이, 대신할 수 없는

아름다움이— 우리는 다만

그 교훈이 무언지 몰랐어요. 홀로 남겨져,

우리는 서로를 지치게 했어요. 어둠의

시절이 따라왔지요; 우리는 돌아가며

정원에서 일을 했어요, 첫 눈물이

우리 눈을 가득 채웠어요, 대지가

꽃잎들로 적셔질 때, 일부는

검붉은 색, 일부는 살색으로—

당신을 숭배하는 법을 배우고 있던

우리는 한 번도 당신을 생각해 본 적이 없어요.

다만 우리는 알고 있었지요, 사랑을 되돌려 주는 것만

사랑하는 것은 인간의 본성이 아니란 것을.

연령초

TRILLIUM

깨어났을 때 나는 숲에 있었어. 어둠은
자연스러워 보였어, 소나무들 사이로 하늘이
수많은 빛줄기들로 두터웠어.

난 아무것도 몰랐어, 보는 것 외엔 아무것도 못 했어.
내가 지켜보는 동안, 천상의 모든 빛들이
희미해지더니 어떤 것 하나를 만들었어,
차가운 전나무 사이로 타오르는 불을.
그러자 더는 가능하지 않게 되었어,
천상을 응시하고도 파괴되지 않는 것이.

내가 보호를 필요로 하듯이
죽음의 현존을 필요로 하는 영혼들이 있는가?
그 질문에 대답하려면 내가 아주
오래 말해야 할 것 같아. 그들이 보는 건
뭐든지 내가 볼 수 있을 것 같아,
전나무 사이로 오르는 사다리,
생을 맞바꾸자고 불러대는 그 무엇—

내가 이미 이해하는 걸 생각해 봐.

숲에서 나는 아무것도 모른 채 깨어났는데;
바로 조금 전에도, 나는 몰랐으니,
혹시 내게 목소리가 주어진다면, 내 목소리가
슬픔으로 가득 차게 될 거라는 걸, 내 문장들이
비명처럼 함께 엮이리란 것도.
내가 슬픔을 느낀다는 것조차 나는 몰랐어,
그 말이 도착하기 전까지는, 비가
내게서 흐르는 걸 느끼기 전에는.

광대수염꽃

LAMIUM

이게 바로 당신 심장이 차가울 때 당신이 사는 법.
내가 하듯이: 커다란 단풍나무들 아래,
그림자 속에서, 차가운 바위 위에 길게 드리워져.

태양은 나를 거의 건드리지 않아요.
때로 나는 이른 봄에 아주 멀리서 떠오르는 태양을 봅니다.
이파리들 그 위로 자라나 태양을 완벽히 가리고. 태양이
이파리 사이로 반짝이는 걸 느껴요 이따금씩,
누군가 숟가락으로 유리 옆면을 치는 것 같아.

살아 있는 것들이 모두 똑같은 정도로
빛을 필요로 하지는 않아요. 우리 중 일부는
우리 자신의 빛을 만들어요: 아무도 다닐 수 없는
좁은 길 같은 은빛 이파리, 어둠 속
커다란 단풍나무들 아래 얕은 은빛 호수.

하지만 당신은 이미 이걸 알지요.
진리를 위해 산다고 생각하는, 나아가,
차가운 모든 것을 사랑하는
당신과 그이들은.

눈물꽃

SNOWDROPS

당신 아나요, 내가 어땠는지, 어떻게 살았는지?
절망이 어떤 건지 당신은 알지요; 그렇다면
당신은 겨울의 의미를 아시겠지요.

내가 살아남을 줄 몰랐어요,
대지가 나를 짓눌렀거든요. 내가 다시 깨어날 거라
예상하지 못했어요, 축축한 땅 속에서
다시 반응하는 내 몸을 느끼게 될 거라곤,
그토록 긴 시간 흐른 후에
가장 이른 봄
차가운 빛 속에서
다시 나를 여는 법을 기억해 내리라고는—

두렵냐고요, 네, 그래도 당신들 속에서 다시
외칩니다, 그래요, 기쁨에 모험을 걸어 보자고요,

새로운 세상의 맵찬 바람 속에서.

맑은 아침

CLEAR MORNING

나 너를 충분히 오래 봐 왔어,
내 좋은 식으로 네게 말할 수 있어—

네가 좋아하는 대로 맞춰 왔지, 네가 사랑하는 것들
참을성 있게 관찰하며, 오직

매개체를 통해서만 말하며, 땅의
세목들 안에서, 너 좋은 대로,

푸른 미나리아재비의
덩굴손, 이른 저녁의

빛—
넌 절대 받아들이려 하지 않겠지,

네가 바삐 이름 붙이는 사물들에
무심한 내 목소리 같은 목소리를,

너의 입들
감탄하는 작은 동그라미들에 무심한 목소리를—

그래서 지금껏 내내
내가 너의 한계를 다 받아 주었잖아, 네가

머잖아 스스로 그걸 던져 버릴 거라 생각하며,
물질이 네 시선을 영원히 흡수할 순 없을 거라 생각하며―

현관 창문에 푸른 꽃들을 그려 놓는
미나리아재비의 방해―

나 자신을 이미지들에
한정짓는 일, 계속 못하겠어,

넌 나의 의미에 이의를 제기하는 게
네 권리라고 생각하니까:

나 이제 네게 명료함을 강요할
준비가 되었어.

봄 눈

SPRING SNOW

밤하늘을 바라봐:
나에겐 두 개의 자아, 두 종류의 힘이 있어.

너의 반응을 보며 나 여기
너와 함께, 창가에 있어. 어제
낮은 정원에서 촉촉한 땅 위로 달이 떠올랐지.
이제 땅은 달처럼 반짝이네,
죽은 물질이 빛으로 덮인 것처럼.

이제 넌 눈을 감아도 돼.
나는 들었어, 당신 울음들을, 그 울음들 이전의 울음들,
또 그 울음들 뒤에 있는 요구도.
나 네게 보여 주었어, 네가 원하는 것을:
믿음이 아닌, 권위에의
항복을, 폭력에 기댄 그것을.

겨울의 끝

END OF WINTER

고요한 세상 위, 새 한 마리 운다,
검은 나뭇가지들 사이로 홀로 깨어나.

너는 태어나고 싶어 했어; 나 너를 태어나게 해 주었지.
지금껏 내 비통함이 언제
너의 즐거움을 막은 적이 있었는지?

감각을 갈망하여
어둠과 빛 속으로 동시에
곤두박질치면서,

마치 네가 너 스스로를 표현하길
원하는 새로운 어떤 것인 듯,

모든 빛, 모든 생기

이것이 네게 어떤 대가를 치르게 하리란 걸
절대로 생각하지 못하고,
내 음성의 소리가 너의 일부분이 아닌 어떤 것임을
절대로 상상하지 못하고—

다른 세계에서 너는 그걸 듣지 못할 거야,
다시는 또렷하게 듣지 못할 거야,
새 울음이나 사람의 외침으로는,

또렷한 소리로는 듣지 못하고, 다만
끊이지 않고 이어지는 메아리로
모든 소리 속에서 잘 가, 잘 가, 하는—

우리를 서로 묶어 주는
그 쉼 없는 선으로.

아침 기도

MATINS

나 당신 사랑한다 말하면 나를 용서해 줘요: 약자가
언제나 겁에 질려 내몰리니까 강자는 늘
속고 있잖아요. 내가 품지 못하는 걸
나는 사랑할 수 없어요, 그리고 당신은 사실상
아무것도 보여 주지 않잖아요: 당신은 산사나무처럼
언제나 같은 장소에서 같은 것으로 있나요, 아니면
변덕 심한 폭스글로버에 더 가까운가요, 처음엔
데이지 꽃들 뒤 경사면에 분홍색 꽃차례를 피우다가,
이듬해엔, 장미 정원에 보라색으로 피는? 당신은 보셔야 해요,
믿음을 돋우는 이런 침묵은 우리에게 아무 소용없다는 걸,
당신은 이 모든 것임에 틀림없어요, 폭스글로버와 산사나무와
연약한 장미와 강인한 데이지예요— 우리는 남겨져 생각해요
당신은 아마 존재하지 않았을지도 모른다고요. 이것이
당신이 우리에게 생각해 보라고 한 건가요, 이것이
그 아침의 침묵을 설명해 주나요,
아직 날개를 비비지 않은 귀뚜라미들과, 마당에서
싸우지 않고 있는 고양이들도요?

아침 기도

MATINS

자작나무들과 함께이듯 그게 당신과 함께인 걸 봅니다:
내가 당신께 사적인 방식으로
이야기하려는 건 아니랍니다. 우리 사이에
많은 것들이 지나갔어요. 아니면
언제나 일방적으로만
일어난 일이었나요? 내가
틀렸죠, 내가 잘못한 거예요, 나 당신께
인간이 되어 달라 청했지요— 내가 남들보다
요구가 더 많은 건 아니랍니다. 하지만
어떤 감정도 없다는 것, 내게 최소한의
관심도 없다는 것— 차라리 나,
자작나무에게 말 걸며 사는 게 나을지도 몰라요
이전의 생에서처럼: 그들이
엉망으로 하게 내버려 두세요, 그들이
낭만주의자들과 함께 나를 묻어 버리도록,
그 뾰족한 노란 이파리들이
떨어져서 나를 덮어 버리도록.

실라꽃

SCILLA

내가 아니라, 바보야, 자신이 아니라, 우리, 우리라고—

천국의 비평 같은

하늘색 파도: 왜

너희는 목소리를 보물처럼 여기니,

어떤 것이 된다는 건

아무것도 아닌 것과 비슷한데?

왜 너희는 위를 올려다보니? 신의

목소리 같은 메아리를

듣기 위해서? 우리한테 너희들은 다 똑같아,

고독하게, 우리 위에 서서, 너네 멍청한

인생들을 계획하지: 너희는 너희가

보내진 곳으로 가네, 모든 것들처럼,

바람이 너희를 심는 곳으로,

너희 중 한둘은 영원히

내려다보며 물의 이미지를

보고 있네, 또 듣고 있네, 무엇을? 파도,

그리고 파도 위로, 새가 우는 소리를.

물러가는 바람

RETREATING WIND

내가 너희를 만들 때, 나 너희를 사랑했지.
지금은 너희들이 가여워.

너희에게 필요한 건 뭐든 주었어,
대지의 침대, 푸른 대기의 담요—

내가 너희에게서 더 멀어질수록
나는 너희들을 더 분명히 보게 되네.
너희 영혼들 지금쯤 엄청난 것이 되었어야 하는데,
조잘대는 작은 것들,
지금 모습처럼 말고—

나 너희에게 모든 선물 다 주었지,
봄날 아침의 푸르름,
너희가 사용법을 몰랐던 시간을—
너희는 더 원했지, 다른 창조물을 위해
아껴 두었던 그 하나의 선물까지.

너희가 뭘 바랐든,
정원에서 자라는 식물들 사이에

너희의 자리는 없을 거야.
너희들 삶은 식물들 삶처럼 순환하는 게 아니니:

너희들 삶은 새가 나는 것처럼
고요 속에서 시작하고 끝이 나지—
하얀 자작나무에서부터 사과나무까지
아치처럼 이렇게 메아리치는 형식으로
시작하고 끝이 나지.

정원

THE GARDEN

나 다시는 하지 못했다,
그걸 바라보는 걸 차마 견딜 수 없어—

정원에서, 가는 빗줄기 속에서
완두콩 한 줄 심고 있는
젊은 연인들, 아무도
이 일 해 본 적 없는 것 같아,
아직까지 엄청난 시련들 맞닥뜨리지도
해결해 보지도 않은 것 같아—

연인들은 자신들을 보지 못하네,
상쾌한 흙 속에서,
아무 관점 없이 시작하면서,
그들 뒤엔 꽃들 구름처럼 드리운 담록색 구릉이—

여자는 그만하기를 원하고;
남자는 끝을 보고 싶어 해,
그것과 계속 있고 싶어 하네—

그녀를 좀 봐, 휴전하려고

그의 볼을 만지네, 손가락이
봄비에 청량하고;
가는 풀에서, 보라색 크로커스 꽃망울 터뜨리고—

여기서조차, 사랑의 시작에서조차,
그의 얼굴을 떠나는 그녀의 손은
출발하는 이미지를 연출하네,

그리고 그들은 생각하네,
이 슬픔을
못 본 척할 자유가 있다고.

산사나무

THE HAWTHORN TREE

나란히 있되, 손에
손을 잡지는 않고: 여름 정원을
걷고 있는 너희를 보았지—
움직일 수 없는 것들은
바라보는 법을 배우지; 정원을
가로질러 내가 너희를 쫓아갈 필요는
없어; 인간들은
감정의 흔적들을
사방에 남겨 두거든, 흙길 위에
흩뿌려진 꽃들, 모두
희고 금빛이네, 어떤 꽃잎은
저녁 바람에 가볍게
떠돌기도 하고; 내가 따라갈 필요는
없어, 지금 너희 있는 곳으로,
유독한 들판 깊숙이, 너희가 날아가는
이유, 인간의 열정 혹은 분노를
알기 위해: 그게 아니라면 왜
너희들은 모아 두었던 전부를
떨어뜨리겠니?

달빛 속의 사랑

LOVE IN MOONLIGHT

남자든 여자든 가끔 자기 절망을 다른 이에게
강요할 때가 있다, 이를 두고 사람들은
마음을 발가벗기다, 아니면, 영혼을 발가벗기다—
하는데, 이 순간 그들이 영혼을 얻었다는 의미다—
밖은, 어느 여름 초저녁, 온 세상이
달빛에 내던져졌다: 무리 지어 있는 은색 형체들,
빌딩이나 나무일지도 모르겠고, 그 좁다란 정원에
고양이는 숨어서 흙에 등을 부비고,
장미, 금계국, 또 어둠 속에서, 달빛의 합금으로
바뀐 국회 의사당 황금빛 돔, 희미하게
보이는 형체, 그 신화, 그 원형, 그 영혼
화염으로 가득 찬 그것 사실은 달빛인데,
다른 근원에서 와서, 달이 빛날 때만
잠깐 빛나고: 돌이거나 아니거나,
달은 여전히 그만큼 살아 있는 것이다.

사월

APRIL

그 누구의 절망도 나의 절망과 같지는 않다―

이 정원에 너희의 자리는 없다
그런 것들 생각하며 그 지겨운
표면의 흔적들을 만드는 너희들; 그 남자,
온 숲의 잡초를 야무지게도 뽑고 있다,
그 여자는 절뚝거리며 옷을 갈아입으려고도
머리 감으려고도 하지 않는다.

너희들이 서로 말하는지
내가 신경 쓸 거라 생각하니?
그런데 이건 알아 두면 좋겠어,
마음을 가진 두 창조물이
더 나은 존재들이길 내가 기대했단 걸:
너희가 서로를 진심으로 아끼지 않는다 해도,
적어도 너희가 알았으면 했지,
비탄은 나누어 퍼진다는 걸
너희들 사이에서, 너희들 집단에서, 나는
너희를 아니까, 짙은 파랑이
야생 실라꽃에, 하양이

숲 제비꽃에 흔적을 남기듯.

제비꽃

VIOLETS

우리들 세계에는 언제나
숨겨진 것이 있어서,
작고 하얀,
작아서 당신이 순수하다고
부르는 것이 있기에, 당신이 비통해하듯
우리는 비통해하지 않아요, 당신,
고통 받는 주인님; 우리가
길 잃은 것보다 당신이 더
길을 잃은 건 아니겠지요, 산사나무
아래서, 진주들 골고루 펼쳐진
쟁반 든 그 산사나무: 무엇이
당신을 우리에게로 데려왔을까요,
당신을 가르칠 우리에게로, 비록
당신이 커다란 손을 꽉 쥐고,
무릎 꿇고 우시더라도,
그토록 위대한 당신이건만
영혼의 본성에 대해선 하나도 모르는 당신,
영혼의 본성은 절대로 죽지 않는 걸요: 가여운 슬픈 신,
당신은 영혼을 절대로 갖지 못하거나
영혼을 절대로 잃어버리지 않을 것입니다.

개기장풀

WITCHGRASS

뭔가가
엉망이야, 엉망이야 외치며
반갑지 않은 세계로 들어오네요—

당신이 나를 그렇게나 끔찍이 싫어한다면
내게 애써 이름 붙여 주지
않아도 돼요: 당신의 언어에
비방하는 말이 하나 더
필요한가요,
한 부류에 모든 책임을
돌리는 또 다른 방식—

당신이나 나나 알잖아요,
하나의 신을 섬기려면
하나의 적만 있으면
된다는 걸—

내가 그 적은 아닙니다.
이 화단 바로 여기서
일어나는 일을 외면하기 위한

하나의 핑곗거리일 뿐,
실패의 작은
모범 사례죠. 당신 소중한 꽃들 중 하나가
여기서 거의 매일 죽고 있어서,
당신은 쉴 짬이 없는 걸요,
그 원인을 처리해야 하니, 이 말은
뭐가 남든지, 그 어떤 것도
당신 개인의 열정보다
더 질길 거라는 뜻이지요—

세상에서 그게
영원히 계속될 것도 아니었는데.
하지만 왜 그걸 허락하는지, 당신은
늘 하는 걸 계속해 나갈 수 있는데,
애도하면서 동시에 탓하는 일,
늘 함께 가는 그 두 가지요.

살아남기 위해서 당신의 찬사는
필요 없습니다. 내가 여기 먼저 있었으니,
당신이 여기 있기 전부터, 당신이

정원을 만들기 전부터 말이지요.
그리고 나는 태양과 달만 남게 되어도
또 바다, 그리고 이 드넓은 들판만 있어도
여기 있을 것입니다.

내가 그 들판을 만들 것입니다.

꽃고비

THE JACOB'S LADDER

이 땅에 갇혀서,
당신도 역시 하늘나라에
가고 싶지 않을까요? 나는
어느 부인의 정원에 살아요. 죄송하지만, 부인;
열망이 내 은총을 앗아 갔어요. 나는
당신이 원했던 것이 아닙니다. 그러나
남자와 여자가 서로를
원하는 것처럼 보이듯, 나 역시 간절히
천국을 알고 싶어요— 그리고 지금은
당신 슬픔을, 베란다 창문에
닿은 발가벗은 줄기 하나를요.
그리고 결국엔, 뭘까요? 작고 파란 꽃은
별 같아요. 절대로
이 세상을 떠나지 않아! 이것이
당신 눈물이 의미하는 것 아닌가요?

아침 기도

MATINS

내가 시간을 어떻게 보내는지 알고 싶지요?
나는 잡초를 뽑는 척하며 앞마당 잔디를
거닐어요. 당신은 아셔야 해요,
무릎 꿇고, 꽃밭에서 토끼풀 뭉텅이 뜯어내면서
내가 잡초를 뽑고 있지 않다는 걸: 사실
난 용기를 찾고 있는 중이에요, 내 인생이 바뀔 거라는
어떤 증거를 찾고 있어요, 영원히
그러고 있을지 모르지만, 그 상징적인 이파리 하나
찾으려고 덤불 하나하나를 다
확인하며, 머지않아 여름이 끝나고 있고요, 어느덧
나뭇잎들 단풍이 들고요, 언제나 병든 나무들이
가장 먼저 가네요, 죽어 가는 것들 눈부신 노랑으로
물들고요, 그러는 동안 검은 새 몇 마리가 음악의
통행금지를 연주하고요. 당신 내 손 보고 싶지요?
첫째 음표처럼 지금은 비어 있네요.
아니면 징표 없이 계속하는 게
항상 핵심이었나요?

아침 기도

MATINS

내 심장이 당신께 무엇이길래

새 품종을 시험하는 정원사처럼

당신은 내 심장을 자꾸만

부수나요? 다른 걸로

연습하세요: 내가 어찌, 당신 원대로,

무리 속에서 살 수 있을까요, 당신이

내 종족의 건강한 이들에게서

나를 갈라 놓고 괴로운 격리를

강요하시면요: 정원에서 당신은

그러지 않잖아요, 병든 장미를

떼어 놓지 않잖아요; 당신은 병든 장미가

그 붙임성 있는 오염된 꽃잎들을

다른 장미들 얼굴에 흔들도록 놔두네요, 작은 진딧물들

이 식물에서 저 식물로 뛰어다니게 하고요, 당신 창조물 중

늘어나는 진딧물과 줄지은 장미 다음으로 제가

제일 하찮은 존재라는 게 또 다시 증명되는 걸요— 주여,

제 고독의 주체자로서, 적어도

제 죄책감이라도 덜어 주시고;

고립의 낙인을 거두어 주소서, 나를

다시 영원히 건강하게 만드는 것이

당신 계획이 아니라면요, 잘못된 어린 시절
내가 건강하고 완전했던 그때처럼,
그때가 아니라면, 내가 어머니 심장의
가벼운 무게 아래 있을 때, 그때가 아니라면,
꿈에서, 절대로 죽지 않는
최초의 존재였던 그때처럼요.

노래

SONG

보호받는 심장처럼,
핏빛 붉은
들장미가 피어나기
시작한다, 촘촘히 엉킨
커다란 관목이 떠받치는
제일 낮은 가지에서:
더 높은 데 있는 꽃들이
시들거나 썩어 가는 동안,
심장의 변함없는 배경인
어둠을 등지고 꽃을 피운다;
역경에서
살아남는 것, 그것이 오롯이
색깔을 짙게 한다. 하지만 존은
다르게 생각한다, 존 생각으론,
만약 이것이 시가 아니라
진짜 정원이라면, 그렇다면
그 붉은 장미는 다른 어떤 걸
닮을 필요 없다고,
다른 꽃도, 그늘진 심장도
닮을 필요 없다고,

반은 적갈색, 반은 진홍색으로
땅 위에서 고동치면서.

들꽃

FIELD FLOWERS

무슨 말 하고 있는지? 당신이
영원한 생명을 원한다고요? 당신 생각들이 정말로
그 모든 것만큼 설득력이 있는지? 분명히
당신은 우리를 보지도 않고, 듣지도 않네요,
당신 살갗 위엔
태양의 흔적,
노란 미나리아재비 꽃가루: 나
당신에게 말하네, 작은 딸랑이
흔들며 높다란 풀 빗장 사이로
빤히 보고 있는 당신에게— 아,
영혼이여! 영혼이여! 안을
바라보는 것만으로도 충분한가요? 인간성을
경멸해 버리면 그만이겠지만, 왜
그 광활한 들판을 무시하는지,
당신 시선은 미나리아재비의
또렷한 꽃봉오리 위를 지나서
무엇을 보고 있는지? 낙원에
대한 당신의 가난한 생각: 변화
없음. 땅보다 나은가? 당신이
어찌 알까요, 우리 가운데 서서

여기에도 없고 저기에도 없는 당신이?

꽃양귀비

THE RED POPPY

위대한 것은
생각이 있는 게
아니랍니다. 느낌들:
아, 제게는 느낌이 있어요, 그
느낌들이 저를 다스리지요. 제게는
태양이라 불리는 하늘나라
영주가 계셔서, 그분께
나를 열어서, 제 가슴의
불을 보여 주지요, 그가 제 가슴에
있는 것만 같은 그런 불을.
심장이 없다면 그런 영광이
어떻게 가능할까요? 오, 형제자매들이여,
당신도 한때는 나와 같았지요, 그 옛날,
인간이 되기 전에요, 한때는 당신도
자신을 활짝 열었고, 다시는
열리지 않았지요? 왜냐하면 진실로
나는 당신이 말하는 방식으로
지금 말하고 있으니까요. 나는 말을 해요,
산산이 부서졌으니까요.

클로버

CLOVER

우리들 사이에
흩어져 있는 걸
당신은 축복의 징표라 부르네,
우리처럼, 그것은,
잡초지만, 뿌리가
뽑힐 것이지만—

어떤 논리로
당신은
죽었으면 하고
바라는 무언가의
덩굴손을 모으는지?

우리 가운데 그토록
강력한 어떤 현존이 있다면,
사랑받는 정원의 보살핌 속에서
곱절로 무성해져야 하지 않을까?

이런 질문들을 당신은
당신 자신에게 물어봐야 해,

당신의 희생양들에게 그 질문들
맡겨 두지 말고. 당신은 이걸 알아야 해,
당신이 우리들 사이로 으스대며 걸을 때
나는 두 목소리가 말하는 걸 듣지,
하나는 당신의 영(靈), 다른 하나는
당신 손이 하는 행동.

아침 기도

MATINS

태양만이 아니라 대지가

그 자체로 빛나네요, 하얀 불꽃이

풀쩍 뛰어 오르네요, 그 화려한 산에서,

이른 아침에 어른거리는

그 평평한 길에서도: 이것은

우리만을 위한 것, 우리만

반응하도록 하는 것인가요, 아니면, 당신도

동요되어 대지의 현존 안에서

자신을 어쩌지 못하고

속수무책인가요— 나는 부끄러워요,

우리에게서 멀리 있는 당신이

우리를 하나의 실험으로 여긴다고

생각했던 것이: 일회용 동물이

되는 것은 비통한 일,

비통한 일. 사랑하는 친구여,

떨고 있는 사랑하는 동반자여,

당신이 느끼는 것 중 무엇이

당신을 제일 많이 놀라게 하는지,

대지의 찬란한 빛인지, 당신 자신의 기쁨인지?

나로서는, 언제나

그 기쁨이 바로 놀라움인데.

하늘과 땅

HEAVEN AND EARTH

하나가 끝나면, 다른 하나가 시작된다.
꼭대기에 파랑 띠 하나, 아래로는
초록과 금빛 띠, 초록과 짙은 장밋빛 띠.

존은 지평선에 서 있다: 그는
한 번에 둘 다를 원한다, 그는
한 번에 모든 것을 원한다.

극과 극은 쉽지. 단지
가운데가 수수께끼지. 한여름―
모든 것이 가능하다.

뜻: 다신 인생이 끝나지 않을 거야.

어떻게 내가 남편을 떠날 수 있을까?
정원에 서서
이런 꿈을 꾸며, 자기 갈퀴를
들고, 의기양양하게
이 발견을 발표하려 준비하는 사람,

여름 해의 불이
정원 가장자리에서
타오르는 단풍나무에
완전히 사로잡혀서
정말로 오도 가도 못하고 있다.

입구

THE DOORWAY

나로 머물고 싶었다,
세계가 가만히 있지 않듯이 가만히,
한여름 아니라 첫 꽃이
피기 직전의 순간, 그 어떤 것도
아직 과거가 되지 않은 그 순간—

취하게 하는 그 한여름이 아니라,
늦은 봄, 정원 가장자리
풀이 아직 웃자라지 않고, 이른
튤립이 막 열리기 시작하는 때—

먼저 가는 이들, 다른 이들 지켜보며
입구에서 서성이는 한 아이처럼,
다른 이들의 낙오를, 그 공공연한 휘청거림을
의식하며, 팔다리 꼿꼿이 모으고,

어떤 것에도 굴하지 않고
이 유약함들 물리칠 준비를 하는
임박한 힘을 믿는 아이의
열렬한 확신과 함께, 때는 바로

꽃 피기 전, 그 통달의 시대

그 선물 나타나기 전,
소유 이전.

한여름

MIDSUMMER

내 어떻게 도와줄까, 너희들 모두
다른 걸 원하는데—햇빛과 그늘,
습한 어둠, 메마른 열기—

서로 다투고 있는 너희 목소리에 귀 기울여 봐—

너희는 내가 왜 너희들에게
절망하고 있는지 궁금해하네,
무언가가 너희를 어떤 전체로 섞을 수 있으리라 생각하네—

천 가지 목소리들로 뒤얽힌
한여름의 고요한 대기

각각의 목소리가 외치네,
어떤 필요, 어떤 절대를,

그리고 그 이름 안에서 계속하여
서로의 목을 조르네
탁 트인 들판에서—

무얼 위해? 우주와 대기 때문에?
천상의 눈으로 보면 유일한
존재의 특권 때문인가?

너희들을 하나뿐인 독특한 존재로
만들려 한 건 아니었어. 너희들은
나의 화신이었지, 모든 다양함이었지

들판 너머로 밝은 하늘을 찾다가
너희들이 본다 생각하는 그런 게 아니라,
우연히 태어난 너희 영혼은
너희들을 확장한 어떤 것에
망원경처럼 고정되어 있어—

내가 만약 그 상승하는 징표,
별, 불, 분노에다
나 자신을 가두고자 한다면
내가 너희들을 왜 만들겠는가?

저녁 기도

VESPERS

한때 나 당신을 믿었어요; 무화과나무를 심었어요.
여기, 버몬트에서, 여름이 없는
나라에서, 그건 하나의 시험이었죠: 그 나무 만약 살아 있다면,
그건 당신이 존재한다는 걸 의미하지요.

이런 논리로, 당신은 존재하지 않아요. 혹은 당신은
예외적으로 존재하네요, 더 따뜻한 기후,
뜨거운 시칠리아와 멕시코, 캘리포니아,
상상하기 힘든 살구와 허약한 복숭아가
자라는 곳에서. 아마도 그이들은
시칠리아에서 당신 얼굴을 보겠지요; 여기서 우리는
당신 옷자락도 잘 못 보는데. 수확한 토마토를
노아와 존과 나누려면 나를 다스려야 합니다.

정의가 만약 다른 세상에 있다면,
천성이 금욕 생활을 강요하는
나 같은 사람들은, 모든 것들,
굶주림의 모든 대상들 가운데
가장 큰 몫을 차지해야 해요, 탐욕은
당신을 찬미하니까요. 누구도

더 고통스레 절제된 욕망으로

나보다 더 열렬히 찬미하지는 못해요, 혹은

누구도 나보다 더, 당신 오른편에, 그 자리 있다면,

앉을 자격 없어요. 이동하지 않는,

그 상하기 쉬운, 그 불멸의 무화과를 먹으면서요.

저녁 기도

VESPERS

당신의 길어진 부재 안에서, 당신은 제가
땅을 사용하는 걸 허락하시네요, 투자에 대한
어떤 보상을 기대하시면, 저는 보고해야 해요,
저의 숙제가 실패했다고, 주로
토마토 모종에 관해서인데.
토마토를 키우라고 저를 격려하면 안 된다고
생각해요. 아니면, 행여 그러실 거면, 당신은
이곳에 그토록 자주 찾아오는 그 차가운 밤도,
그 세찬 비도 주시면 안 돼요, 다른 지역들은
여름이 열두 주인데 말예요. 이 모든 것이
당신에게 속해 있어요: 한편,
저는 씨앗들을 심었어요, 흙을 찢는 날개 같은
그 첫 새싹들을 봤어요, 열을 지어 그처럼 빨리
늘어나는 그 까만 점은, 병충해로 부서진
저의 가슴이었어요. 당신에게 심장이
있는지, 우리가 그 단어를 이해하는 대로라면,
그게 저는 의문이에요. 죽은 것과 산 것을
구별하지 않는 당신, 그래서, 조짐에는 끄떡도 않는 당신,
당신은 모르실 거예요, 우리가 얼마나
끔찍한 공포를 견디고 있는지, 반점 돋은 이파리,

팔월, 이른 어둠 속에서 떨어지는
단풍나무 붉은 이파리들: 나는
이 덩굴들에 책임이 있는 걸요.

저녁 기도

VESPERS

당신이 날 사랑하는 것 이상으로,
당신은 들판의 동물들을 사랑하겠지요, 심지어,
어쩌면, 들판 자체를요, 팔월의 치커리와
과꽃들 점점이 뒤덮인 들판을:
알아요. 내가 나를 그 꽃들과
비교해 왔다는 걸, 꽃들은 감정의 영역이
훨씬 더 작고, 따질 문제도 없는데; 또 그 하얀 양들
실제론 회색인 양들과도: 나는
당신을 찬미하는 일에만
맞춰진 존재입니다. 그런데 왜
나를 괴롭히나요? 독이 있어
목초지 동물들이 건드리지 못하는
미나리아재비와 조팝나물을 난 연구해요: 고통은
당신이 필요하단 걸 이토록 사무치게 느끼게
하는 당신의 선물인가요, 당신을
숭배하려면 당신이 필요한 것처럼요,
아니면 당신, 황혼녘에 은빛으로 변하는
그 참을성 많은 양들, 그 들판을 편애하느라,
나를 버렸나요; 창백한 푸른빛과 짙은 푸른빛으로 빛나는
야생 과꽃과 치커리의 물결들, 당신은 이미

당신 옷이 얼마나 비슷한지 아시니까요.

데이지꽃

DAISIES

계속하세요: 당신 생각을 말해 봐요. 그 정원은

진짜 세상이 아니랍니다. 기계들이야말로

진짜 세상이지요. 솔직히 말해 보세요, 그 어떤 바보라도

당신 얼굴에서 읽을 수 있는 그걸요: 우리를

피하는 것은, 노스탤지어를

거부하는 것은 타당해요. 데이지 가득한 목초지를

휘저으며 바람이 만드는 소리,

그건 충분히 현대적이지 않아요: 그걸

따라가며 마음이 빛날 수는 없어요. 그런데 마음은

빛나고 싶어 하네요, 분명히, 기계들이

빛나는 것처럼, 하지만, 깊어지는 걸

원하지는 않아요, 일테면, 뿌리처럼요.

이른 아침, 아직 아무도 당신을 볼 수 없을 시간에,

당신이 초지 경계선으로 조심스레

다가오는 걸 보는 건, 역시나,

매우 감동적인 일이죠. 그 가장자리에 더 오래 서 있을수록,

당신은 더 긴장된 것처럼 보이네요. 아무도

자연 세계에 대한 느낌을 듣고 싶어 하지 않아요: 당신은 다시

비웃음을 살 테고; 경멸이 당신에게 차곡차곡 쌓이겠지요.

오늘 아침 당신이 정말로 듣고 있는 것에

대해서라면: 두 번 생각하세요,
이 들판에서 누가 뭘 말했는지
누군가에게 말하기 전에요.

여름의 끝

END OF SUMMER

모든 일들이 내게 일어난 후,
공허함이 밀려왔다.

형식 안에서 내가 지녔던 기쁨에는
한계가 있다—

이 점에서 나는 너희와 같지 않아,
나는 다른 몸으로는 풀려나지 않아,

나는 나 자신의 바깥에
안식처가 필요 없어—

내 가련한 영감 받은
창작품, 너희들은
머리나 식힐 거리, 마침내,
다만 작아지는 것; 너희들은
나처럼 끝에 가서는 너무 작아서
나를 기쁘게 할 수 없어.

또 너무 단호하고—

너희는 너희 사라짐에 대해
보상받기를 바라는데,
대지의 어떤 부분으로 다 받았잖아,
어떤 기념품, 너희들이 한때
노동에 대해 보상받았듯,
그 필경사는 은빛으로
값을 다 받았고, 양치기는 보리로,

계속하고 있는 것이
대지가 아니라 하더라도,
물질의 이 작은 조각들 아니라 해도—

너희가 눈을 뜨게 되면
나를 보게 될 텐데, 너희는
대지에 비치는
천상의 공허함을 보겠지, 생기 없이,
눈으로 덮인, 다시 텅 빈 들판들을—

그 다음엔 더 이상 물질로
변장할 수 없는 흰 빛을.

저녁 기도

VESPERS

당신이 어디 있는지, 나 더 이상 궁금하지 않아요.

당신은 정원에 있어요; 거기 존이 있는 곳에 있어요,

흙 속에서, 정신 팔린 채, 초록색 모종삽을 쥐고.

이게 그가 정원을 가꾸는 방식이에요: 십오 분 집중해서 일하고,

십오 분 황홀하게 생각에 잠기지요. 가끔씩

내가 그 옆에서 일을 해요, 땡볕 나기 전의 자잘한 일들,

잡초를 뽑고 상추를 솎아 내며; 때로 나는

위쪽 정원에 가까운 현관에서 바라보네요, 황혼이

첫 백합 등불을 만들어 낼 때까지: 그 시간 동안,

평화는 절대 그를 떠나지 않아요. 하지만 평화는 내게로 몰려오
네요,

꽃이 품고 있는 자양분으로가 아니라

헐벗은 나무를 통과하는 눈부신 빛처럼.

저녁 기도

VESPERS

당신이 모세에게 나타나셨듯이, 나
당신이 필요해서, 당신은 내게 나타납니다,
자주는 아니지만. 나는 원래 어둠 속에서
살아요. 아마도 당신은 나를 훈련시키나 봅니다,
최소한의 밝음에만 내가 반응하도록. 아니면, 시인들처럼,
당신은 절망에 자극을 받으시나요, 비통이 당신을
움직여 당신 본성 드러나도록 하나요? 오늘 오후,
당신이 대개 침묵을 바치는 그
물리적인 세계에서, 나는 올라갔어요,
야생 블루베리 너머 그 작은 언덕을, 매우 난해하게
내 모든 걸음 위로 내려오는 블루베리들: 제가 너무 심각해서
당신이 나를 가여워하나요, 당신은 때로 고통 받는 이들을
가여워했지요, 그이들을 신학적인 은총들로
총애하면서? 당신이 예상하셨겠지만, 나는
올려다보지 않았어요. 그래서 당신이 나를 보러 내려왔지요:
내 발치에, 야생 블루베리 반짝이는
이파리들이 아니라, 당신의 불같은 자아가, 그 대단한
불의 초원이, 또 그 너머로, 지는 것도 아니고
         떠오르는 것도 아닌 붉은 해가—
나는 아이가 아니었어요; 난 환상을 이용할 수 있었어요.

저녁 기도

VESPERS

당신 우리가 모른다 생각했죠. 아뇨 언젠가 우린 알았어요,
아이들은 이런 것들 알아요. 지금 돌아서지 말아요—
　　　　당신을 달래려고
우리가 속인 거예요. 나 기억해요
이른 봄의 햇살을, 짙은 일일초가
그물처럼 들어선 제방들. 나 기억해요
들판에 누워서, 오빠 몸을 만지던 걸.
지금 돌아서지 말아요; 당신을 위로하려고
우린 기억을 거부했어요. 당신을 따라했어요,
우리 죄의 세목들을 외우면서. 나 기억해요
전부는 아니고 그 일부를; 기만은
망각에서 시작합니다. 나 기억해요 작은 것들을,
산사나무 밑에서 자라는 꽃들을, 야생 실라꽃
방울들을. 전부는 아니라도, 당신이 존재한다는 걸
알기에 충분할 정도로: 다른 누가 남매 사이에
불신을 만들 이유가 있었겠어요, 그걸로 득을 볼 이가,
고독 속에서 우리가 의지했던 분 아니고서야? 다른 누가
우리가 그때 가졌던 그 유대를 그처럼 샘내어
우리가 잃어 버리고 있던 것이 세상이 아니라
천국이었다고 말했겠어요?

이른 어둠

EARLY DARKNESS

땅이 내게 기쁨을 줘야 한다고
너희들 어떻게 말할 수 있는지? 태어난 각각이
나의 짐인데; 내가 너희들 모두와
같이 해낼 수는 없어.

또 너희들은 내게 명령하고 싶어 하지,
내게 말하고 싶어 하지,
너희 가운데 누가 제일 소중한지,
누가 가장 나를 닮았는지.
또 너희들은 하나의 사례로 보여 주네,
그 순수한 삶을, 너희들이
얻고자 애쓰는 그 무심함을─

너희들이 스스로를 이해할 수 없는데
어떻게 나를 이해할 수 있을까?
너희들 기억은 그만큼
좋지가 않아서, 그렇게 멀리
돌아 닿을 수가 없는걸─

너희들이 내 아이들이라는 걸 절대 잊지 말아라.

너희들이 서로를 만졌기에 고통스러운 것이 아니라,
너희들이 태어났기 때문에,
너희들이 내게서 분리된 삶을
살고 싶어 했기 때문이야.

수확

HARVEST

과거의 너희를 떠올리면 너무 슬퍼져—

너희 좀 봐, 무턱대고 땅에 매달려

그게 하늘나라 포도밭이라도 되는 양

그 들판들, 네 주변에서 불꽃으로 타오르고 있네—

아, 조그만 것들, 너희들은 어찌나 확고한지:

그건 은총인 동시에 고통이야.

죽음에서 너희가 두려워하는 것이

이 너머의 형벌이라면, 너희는

죽음을 겁낼 필요 없어:

이것이 너의 형벌이라고

가르치려고

내 창조물을 내 몇 번 파괴해야 하는지:

시간 속에서 또 낙원 속에서

내가 너를 세운 그 한 번의 몸짓으로.

하얀 장미

THE WHITE ROSE

이게 땅인가요? 그렇다면
나는 여기에 속하지 않아요.

당신은 누구신가요, 불 밝힌 창가에
나그네나무의 나풀거리는 이파리들로
지금 가려져 있는?
첫 여름 지나면 나 죽을 곳에서
당신은 살아남을 수 있을까요?

밤새도록 나무의 가느다란 가지들이
밝은 창가에서 뒤척이며 바스락거리네요.
내게 나의 생을 설명해 줘요, 어떤 징표도 만들지 않는 당신,

밤에 당신을 소리 질러 불렀지만:
나는 당신과 같지 않아요, 나는 다만
목소리를 위한 몸만 있네요; 나는
침묵 속으로 사라질 수 없어요—

그리고 차가운 아침에
대지의 어두운 표면 위로

내 목소리의 메아리가 떠다니네요,
순백이 어둠 속으로 꾸준히 흡수되네요,

당신도 이곳에서 살아남을 수 없었단 걸 제게 납득시키려
당신이 결국 징표를 만들고 있었던 것처럼,

아니면 당신이 내가 불러낸 그 빛이 아니라
그 뒤에 있던 암흑이란 걸 제게 보여 주려고.

나팔꽃

IPOMOEA

다른 생에서 내 죄는 무엇이었을까요
이번 생에서 내 죄가
슬픔이듯, 나 다시는
오르도록 허락되지 않기에,
어떤 식으로든 나의 생을
반복하는 건 절대 허락되지 않기에,
산사나무에 감긴 채, 모든
지상의 아름다움 나의 형벌
당신 것이니만큼—
내 고통의 근원, 어째서
당신은 이 꽃들을 하늘처럼
내게서 드리우시나요, 나를
내 주인의 한 부분으로
표시하기 위함이 아니라면; 나는
그분의 망토 색깔, 내 살이
그의 영광에 형식을 부여합니다.

프레스크 아일

PRESQUE ISLE

모든 생애에, 어떤 순간이 있다, 한두 번은.
모든 생애에, 어딘가에 방 하나가, 바닷가나 산 속에.

테이블 위에, 살구 한 접시가. 하얀 재떨이 속에 씨들.

모든 이미지들처럼, 이것은 협정의 조건들이었다.
너의 뺨 위에, 햇살의 떨림,
너의 입술을 누르는 내 손가락.
희고 파란 벽들; 페인트칠 좀 벗겨진 나지막한 책상.

그 방은 틀림없이 아직도 있을 게다, 사 층에,
바다가 내다보이는 작은 발코니가 있는 방.
사각형의 하얀 방, 맨 위 시트가 젖혀져
　　침대 가장자리에 걸쳐져 있고.
그것은 무(無)로, 실제로, 녹아들지 않았다.
열린 창문을 통해, 바다 공기, 요오드 냄새.

이른 아침: 물에서 돌아온 작은 소년을 부르는 남자.
그 작은 소년은—이제 스무 살이 되었겠지.

너의 얼굴 주변에, 축축한 머리카락 흩날려, 적갈색 줄무늬로.
모슬린 천, 은빛 반짝임. 하얀 작약 가득 꽂힌 묵직한 단지.

물러가는 빛

RETREATING LIGHT

너희는 언제나 이야기를 기다리는
아주 어린 아이들 같았어.
그리고 나는 너무 여러 번 그걸 해 왔어;
이야기 들려주는 일에 지쳤어.
그래서 너희에게 연필과 종이를 줬지.
빽빽한 풀밭에서 보낸 오후들, 내가 직접 모았던
갈대로 만든 펜들을 너희에게 줬잖아.
내가 말했지, 너 자신의 이야기를 써 보라고.

들어주기만 한 그 모든 세월 후에
난 너희가 이야기란 무엇인지
알게 되리라 생각했어.

우는 게 너희가 할 수 있는 전부였어.
너희는 모든 걸 듣고 싶어 했고
스스로는 아무것도 생각하지 않았어.

그때서야 나는 알았지, 너희가
진정한 배짱과 열정을 가지고 생각할 수 없단 걸;
너희는 자기 삶을 아직 갖지 못했던 거야,

자신의 비극들을.

그래 내가 너희에게 삶을 주었고, 너희에게 비극을 주었어,

도구들만으로는 분명 충분하지 않았으니까.

너희는 절대로 모를 거야,

너희가 거기 독립적인 존재들처럼

앉아 있는 걸 보는 게 얼마만큼 나를

기쁘게 했는지, 내가 너희에게 준 연필을 쥐고서

여름 아침이 글쓰기로 사라질 때까지

너희가 열린 창가에서 꿈꾸고 있는 걸 보는 것이.

창작이 너희를 엄청 신나게

만들었지, 그럴 거라 나 알고 있었지,

처음에는 늘 그러하니.

이제 나는 내 뜻대로 내가 하고 싶은 걸 하네,

다른 것들에 관심 두며, 분명코

너희는 더 이상은 나를 필요로 하지 않으니.

저녁 기도

VESPERS

당신이 계획했던 것, 당신이 의도했던 것을 나 알아요, 내게
세상을 사랑하라고 가르치는 것, 완벽히 돌아서고
완벽히 닫아 버리는 걸 다시는 못 하게 만들기—
그건 어디에나 있어요; 내가 눈을 감을 때,
새의 노래, 이른 봄 라일락 향기, 여름 장미 향기:
당신은 데려가려고 하지요, 꽃들 하나하나, 대지와 연결된 그 하
나하나—
왜 당신은 내게 상처를 주려 하나요, 어째서 당신은 내가 마지막에
적막해지길 바라시나요, 내가 희망에 그리도 목매는 걸 당신이
원치 않으시면
나는 마침내 아무것도 내게 남지 않았다는 걸
보지 않으려 할 텐데요, 그 대신 마지막엔
당신만이 내게 남겨졌다는 걸 믿을 텐데요.

저녁 기도: 재림

VESPERS: PAROUSIA

내 인생의 사랑, 당신은
사라졌고, 나는 다시
젊어진다,

몇 년이 지난다.
대기는 소녀 취향의 음악으로
가득하다;
앞마당의
사과나무는
꽃들이 만개했다.

나는 당신을 되찾으려 한다,
그것이 글쓰기의
요점.
하지만 당신은 내가 기억 못 하는
몇 마디 말을 하고선,
러시아 소설들에서처럼
영원히 떠나가 버렸다—

세계가 얼마나 비옥한지,

내게 속하지 않은 것들로 얼마나 충만한지—

나는 꽃들이 산산이 부서지는 것을 바라본다,
더 이상 분홍 아니고,
오래된, 오래된, 누르스름하니 흰—
꽃잎들은 빛나는 잔디 위를
가냘프게 파닥이며
떠다니는 것 같다.

당신 정말 아무것도 아니었는데,
너무 빠르게 하나의 이미지로,
어떤 향기로 바뀌어—
당신은 도처에 있다, 지혜와
고뇌의 원천으로.

저녁 기도

VESPERS

이제 당신 목소리가 사라졌어요. 거의 들리지 않아요.
당신 별빛 같은 목소리 이제 전부 그림자 되고
당신 마음의 엄청난 변화들과 함께
대지는 다시 어둑해집니다.

낮에는 단풍나무들 너른 그림자들 아래
여기저기 풀이 갈색으로 변하네요.
이제, 저는 모든 곳에서 침묵으로 듣습니다,

제가 당신에게 다가갈 수 없다는 건 분명해요;
저는 당신을 위해 존재하지 않고, 당신은 제 이름 위에
줄을 그었지요.

어떤 경멸로 당신은 우리를 붙들고
오직 상실만이 우리 위에 당신 힘 새길 수 있다고
믿게 하시나요,

하얀 백합들 흔드는 가을의 첫 비―

당신이 떠날 때, 당신은 완벽히 떠납니다,

모든 것들에게서 눈에 보이는 생명을 떨구고

그러나 모든 생명은 아니고,
우리가 당신에게서 등 돌리면 안 되니.

저녁 기도

VESPERS

팔월의 끝. 존의 정원 위에 친
천막과도 같은
열기. 그리고 어떤 것들은
시작하려는 결기가 있어요,
토마토 다발들, 옹기종기 때늦은
백합 가닥들—그 커다란 줄기들의
낙천주의—위엄 있는
금빛과 은빛: 하지만 어째서
어떤 것은 종말에 그리
가깝게 시작하는지요?
결코 영글지 않을 토마토들,
겨울이 죽일, 봄에 돌아오지 않을
백합들. 혹은
당신은 생각하시나요
내가 너무 많은 시간을
앞을 바라보는 데 쓴다고,
여름에 스웨터 입고 있는
늙은 여자처럼;
당신은 말씀하시나요
내가 잘 자랄 수 있다고,

견디는 데 아무런 희망이
없는데도? 붉은 빰의 눈부신 빛,
점점이 진홍으로 얼룩진,
희디 흰, 열린 목구멍의 영광.

저녁노을

SUNSET

내 커다란 행복은
절망 속에서도 내게 외치는
네 목소리가 만드는 소리; 내 슬픔은
네가 내 거라 받아들이는 말로
네게 대답할 수 없다는 것.

너는 너 자신의 언어에 믿음이 없어.
그래서 너는
네가 정확하게 읽을 수 없는
징표들에 권위를 부여하지.

그렇다 해도 네 목소리는 언제나 내게 닿지.
또 나는 한결같이 대답하지,
겨울이 지나가듯
내 분노가 지나가. 내 부드러움
네게 분명히 보일 테지,
여름 저녁의 산들바람 속에서
또 너 자신의 응답이 된
말들 속에서.

자장가

LULLABY

이제 쉴 시간; 그 정도
신났으면 이제 된 거야.

저물녘, 그리고 이른 저녁. 반딧불들
방 안 여기저기서, 여기서 저기서 깜박이고,
여름의 깊은 향내가 열린 창문을 가득 채우고 있어.

이것들을 더는 생각하지 마.
가만히 들어 봐, 반딧불 같은, 내 숨소리를,
네 숨소리를, 각자의 작은 호흡은
세상이 드러나는 하나의 불꽃.

여름밤에 나는 네게 노래를 불러 주었지, 충분히 오래.
마지막에 가선 내가 너를 이길 거야; 세상은 너에게
이처럼 한결같은 전망을 주지 못하잖아.

너는 나를 사랑하는 법을 배워야 해. 침묵과 어둠을
사랑하는 법을 사람은 배워야 해.

은빛 백합

THE SILVER LILY

밤이 다시 차가워졌다, 이른 봄의
밤처럼, 그러다 다시 고요해졌다. 말이
당신을 방해할까? 우리는 이제
혼자다; 침묵할 이유가 없다.

당신 볼 수 있지, 정원 위로—보름달이 떠오른 것을.
다음 보름달을 나는 볼 수 없겠지.

봄에, 달이 뜰 때, 그건
시간이 무한하다는 뜻이었지. 열리고 닫히는
눈풀꽃, 창백하게 떠돌며 떨어지는
단풍, 무리지은 씨앗들.
흰색 위에 흰색, 달이 자작나무 위로 떠올랐다.
그리고 나무가 갈라지는, 그 구부러진 부분엔,
처음 나온 수선화 이파리들이,
부드러운 은초록 달빛 속에.

우리는 함께 끝을 향해 너무 멀리 와 버렸기에 이제
끝이 두렵지 않아. 이 밤들, 끝이 무얼 의미하는지 안다고
나 더는 확신할 수 없어. 또 당신도, 한 사람과 내내 함께 있었

지—

    그 첫 울음들 후,
    기쁨은, 두려움처럼, 아무런 소리를 내지 않는가?

구월의 황혼

SEPTEMBER TWILIGHT

내가 너희를 함께 모았네,
나 너희들 없이 살 수 있어—

나는 지쳤어, 너희들에게, 살아 있는
세계의 혼돈—
나는 다만 나를 넓힐 수 있으니
살아 있는 것을 향해 그토록 오래.

내 입을 열고, 내 새끼손가락을
들어 올려서, 나, 너희들을 소환하여
존재하게 하였지, 희미하게 빛나는

야생 과꽃의
파랑, 활짝 핀
백합, 거대한,
금빛 잎맥—

너희들은 오고 또 가고; 마침내
나는 너희들 이름도 잊어버리고.

너희들은 오고 또 가네,
너희 각자는 이런저런 흠이 있고,
이렇게 저렇게 타협하고: 너희는
한 생의 가치가 있어, 딱 그 정도.

내가 너희를 함께 모았지;
나는 너희들을 지워 버릴 수 있어
던져 버린 초안처럼,
습작처럼,

왜냐하면 내가 너희를 끝냈으니까,
가장 깊은 애도의 상상을.

금빛 백합

THE GOLD LILY

나 지금 죽어 가고 있고
나 다시 말할 수 없을 것임을,
땅보다 오래 살지 못할 것임을, 다시 땅을
떠나라고 소환된 것임을 내가
감지하고 있으니, 아직
꽃이 아닌, 다만 잔가시일 뿐, 거친 먼지가
내 이랑들을 붙들고, 나 당신을 부르네,
아버지 그리고 주인님: 도처에서,
내 동료들은 실패하고 있어요, 당신이
안 보고 있다고 생각하면서요.
당신이 우리를 구하지 않는다면
당신이 본다는 걸 어떻게
알 수 있을까요? 여름 황혼녘, 당신은
아이의 공포를 귀담아 들을 만큼
가까이 있는가요? 아니면
나를 키우셨던 당신,
당신은 내 아버지가 아닌가요?

흰 백합

THE WHITE LILIES

한 남자와 한 여자가
그들 사이에 별들의 화단 같은
정원을 하나 만들어, 여기서
여름 저녁에 머무른다,
저녁이 그들의 공포와 함께
차가워진다: 그걸로
모든 게 끝날 수 있다,
파국이 가능하다. 모두, 모든 것이
상실될 수 있다, 향긋한 대기 사이로
쓸데없이 솟아오르는
그 좁다란 기둥, 그 너머로,
양귀비꽃의 바다가 물결친다—

쉿, 사랑하는 이여. 되돌아오려고 내가
몇 번의 여름을 사는지 그건 내게 중요하지 않아요:
이 한 번의 여름에 우리는 영원으로 들어갔어요.
그 찬란한 빛을 풀어 주려고 나를 파묻는
당신 두 손을 나 느꼈어요.

야생 붓꽃

초판 1쇄 인쇄일 2022년 10월 24일
초판 1쇄 발행일 2022년 11월 7일

지은이 루이즈 글릭
옮긴이 정은귀

발행인 윤호권
사업총괄 정유한

편집 구민준 **디자인** 박지은(표지) 김지연(본문) **마케팅** 정재영 명인수 윤아림 김솔희 이아연
발행처 ㈜시공사 **주소** 서울시 성동구 상원1길 22, 6-8층(우편번호 04779)
대표전화 02-3486-6877 **팩스(주문)** 02-585-1755
홈페이지 www.sigongsa.com / www.sigongjunior.com

글 ⓒ루이즈 글릭, 2022

ISBN 979-11-6925-273-7 03840

*시공사는 시공간을 넘는 무한한 콘텐츠 세상을 만듭니다.
*시공사는 더 나은 내일을 함께 만들 여러분의 소중한 의견을 기다립니다.
*잘못 만들어진 책은 구입하신 곳에서 바꾸어 드립니다.

야생 붓꽃

The Wild Iris

야생 붓꽃

작품 해설 세 개의 모놀로그 혹은 한 개의 트라이얼로그_신형철

옮긴이의 말 꿀벌이 없는 시인의 정원에서_정은귀

시공사

세 개의 모놀로그 혹은
한 개의 트라이얼로그

신형철(문학평론가)

2020년 노벨문학상을 루이즈 글릭에게 수여하면서 한림원이 특별히 언급한 것은 그의 열 번째 시집 《아베르노》(Averno, 2006)였지만, 그것이 《야생 붓꽃》(1992)이었더라도 전혀 이상하지 않았을 것이다. 그에게 퓰리처상을 안긴 《야생 붓꽃》은 《아베르노》와 함께 손꼽히는 대표작이기 때문이다. 위원회가 글릭만의 "시적 목소리"(poetic voice)를 높이 평가하기도 했지만, 특히 이 시집은 '목소리'와 관련하여 중요한 질문을 제기하고 스스로 하나의 답이 된 사례라고 할 만하다. 《야생 붓꽃》에는 여러 목소리가 있다. 식물의, 인간의, 그리고 신의 목소리. 대체로 식물은 인간을 향해 말하고, 인간은 신을 향해 말하며, 신은 자기 자신에게 말한다. 이 세 종류의 화자-발화로 쓰인 시가 시집을 삼등분한다. 이 글의 목표는 일차적이고 기초적이다. 세 목소리를 정확히 구별하고, 각각의 목소리가 어떤 말을 하고 있는지를 축어적으로 따라가 보는 일이 그것이다.

식물의 말

끔찍해, 어두운 대지에 파묻힌
의식으로
살아남는다는 건.

그러고는 끝이 났지: 네가 두려워하는 것, 영혼으로
있으면서 말을 하지
못하는 상태가, 갑자기 끝나고, 딱딱한 대지가
살짝 휘어졌어. 키 작은 나무들 사이로

내가 새라고 생각한 것들이 빠르게 날고.

다른 세상에서 오는 길을
기억하지 못하는 너,
네게 말하네, 나 다시 말할 수 있을 거라고: 망각에서
돌아오는 것은 무엇이든
목소리를 찾으러 돌아오는 거라고:

〈야생 붓꽃〉 부분

　고통의 끝에는 죽음이 있을 뿐이라고 했던 '너'(가드너로서의 루
이즈 글릭, 혹은 인간 전체)에게, 고통의 끝에 있는 것은 어떤 출구라
고 '나'(야생 붓꽃)는 당당히 말한다. 지상의 소음이 희미하게 들리
고 햇빛조차 뚫고 들어오지 못하는 땅속에서, 의식만 남은 채 묻
혀 있는 것은 끔찍한 일이었다고, 그러나 말을 할 수 없는 상태의
그 고통이 문득 끝나는 순간, '나'는 다른 세상에서 이 세상으로 올
수 있었다고 말이다. 화자는 그 일의 의미를 이렇게 설명한다. "망각
에서 돌아오는 것은 무엇이든 목소리를 찾으러 돌아오는 것." 이 시
에서 지하의 존재는 보이지 않고 (그렇기 때문에) 들리지 않는다. 흔
히 하위주체(서발턴, subaltern)라는 말로 지칭되는, 자기 재현/대의에
실패하는 존재에게 바쳐진 시로 읽어 볼 수도 있을 것이다. 죽은 줄
알았던 식물이 살아나듯, 그들이 돌아올 수 있고 또 돌아와야 하
는 것은, 그들이 할 말을 가졌기 때문이다. 예컨대 다음 시에서 그
'할 말'은 이토록 날카롭게 말해진다. (시 제목을 '개기장풀'이라 번역
을 하긴 해야 하겠지만, 영어 이름이 'witchgrass', 즉 '마녀의 풀'임을 염두
에 두고 읽어야 할 것이다.)

당신이 나를 그렇게나 끔찍이 싫어한다면
내게 애써 이름 붙여 주시지
않아도 돼요: 당신의 언어에
비방하는 말이 하나 더
필요한가요,
한 부류에 모든 책임을
돌리는 또 다른 방식—

당신이나 나나 알잖아요,
하나의 신을 섬기려면
하나의 적만 있으면
된다는 걸—

내가 그 적은 아닙니다.
이 화단 바로 여기서
일어나는 일을 외면하기 위한
하나의 핑곗거리일 뿐,
실패의 작은
모범 사례죠. 당신 소중한 꽃들 중 하나가
여기서 거의 매일 죽고 있어서,
당신은 쉴 짬이 없는 걸요,
그 원인을 처리해야 하니, 이 말은
뭐가 남든지, 그 어떤 것도
당신 개인의 열정보다
더 질길 거라는 뜻이지요—

이 화자-식물은 정원을 가꾸는 인간에게 힐난한다. 당신은 소중한 꽃들이 죽어 가니 무언가 탓할 거리가 필요했던 것이라고, 그래서 '잡초'인 '나'를 원인으로 지목해 '마녀의 풀'이라고 이름 붙인 것이 아니냐고 말이다. 왜 인간들은 이런 식이냐고, 왜 슬프다고 엉뚱한 곳에 화풀이를 하느냐고("애도하면서 동시에 탓하는"), 개기장풀은 날카롭게 꼬집는다. 그것은 당신이 사실상 문제에 제대로 대처하지 못하고 있다는 뜻이라고, 그래서 이와 같은 낙인과 혐오는 인간이 자주 범하곤 하는 실패의 "작은 모범 사례"일 뿐이라고 말이다. 더 나아가 이 잡초는 말한다. '당신 뜻대로 되지 않을 것이다, 당신이 오기 전부터 우리는 있었고 당신이 사라진 후에도 우리는 여기 있을 것이다, 당신의 혐오가 철회되거나 그것이 찬사로 바뀌거나 하는 변화에 우리는 연연하지 않는다, 우리가 이곳의 주인이기 때문이다.' 마지막 한 줄은 그 당당한 선언이다. "내가 그 들판을 만들 것입니다."

위대한 것은
생각이 있는 게
아니랍니다. 느낌들:
아, 제게는 느낌이 있어요, 그
느낌들이 저를 다스리지요. 제게는
태양이라 불리는 하늘나라
영주가 계셔서, 그분께
나를 열어서, 제 가슴의

불을 보여 주지요, 그가 제 가슴에

있는 것만 같은 그런 불을.

심장이 없다면 그런 영광이

어떻게 가능할까요? 오, 형제자매들이여,

당신도 한때는 나와 같았지요, 그 옛날,

인간이 되기 전에요, 한때는 당신도

자신을 활짝 열었고, 다시는

열리지 않았지요? 왜냐하면 진실로

나는 당신이 말하는 방식으로

지금 말하고 있으니까요. 나는 말을 해요,

산산이 부서졌으니까요.

〈꽃양귀비〉 전문

이 시에서 식물과 인간의 차이는 '느낌'(feeling)과 '생각'(mind)의 차이로 설명된다. 꽃양귀비는 느낌의 존재다. 실제 그 꽃의 형상이 그러하듯, 가슴을 활짝 열고 있는 그 강렬한 모습은 이 존재의 핵심에 불이, 내재화되고 일체화된 신성이 품어져 있다는 상상을 하게 만든다. 인간은 왜 그렇지 못한가 하는 반문이 뒤따라 나올 수밖에 없다. 오늘날 인간의 삶은 일상적 세계 곳곳에 존재하는 신성을 더는 발견하지 못하는, 그런 의미에서 허무주의적인 것에 불과하다는 하이데거의 관점을 떠올리게도 하는 대목이다. 그래서 꽃양귀비는 인간에게 묻는다. 한 번은 그렇게 자신을 활짝 열어 본 적이 있지 않으냐고, 왜 다시는 열지 않으려 했느냐고 말이다. 그런데 이 시의 후반부에서 식물과 인간은 뜻밖에도 포개진다. 꽃양귀비는 자신이 "산산이 부서졌으니까" 그 때문에 "당신이 말하는 방식으로" 말하게 되었다고 고백한다. 왜 부서지고서야 인간처럼 말을 하는가. 뒤집어 생각하면, 인간의 말이란 부서진 존재이기 때문에 가질 수 있게 되는, 불완전하고 서글픈 수단이라는 뜻이 된다. 그것은 물론 '느낌'이 아닌 '생각'의 매체일 뿐이고, 그래서 "위대한" 것일 수가 없다는 것이다.

'야생 붓꽃'은 죽음, 망각, 침묵에서 귀환해 오는 강인함으로 인간의 무지를 다그쳤고, '개기장풀'은 인간이 제 실패를 수습하기 위해 혐오를 발명해 내는 경로를 힐난했으며, '꽃양귀비'는 인간이 신성을 잃어버리고 손에 쥐게 된 부서진 말들의 한계를 알려 주었다. 여기서 언급하지 않은 다른 많은 식물까지 포함해서 말하건대, 이곳은 목소리들의 정원이다. 루이즈 글릭이 아니었더라면 식물들이 인간을 향해 이렇게 많은 말을 하고 있다는 사실을 알 수 없었을 것이다. 많은 시인이 이와 유사한 시도를 하다가 오히려 타자의 목소리를 강탈하고는 했다. 말할 수 없는 것들이 말할 수 있게 하겠다면서 실은 그들 뒤에서 복화술을 행하는 방식으로 말이다. 아무리 까다롭게 평가한다 해도 글릭이 같은 오류를 범했다고 말하긴 어려울 것이다. 정원 일을 통해서만 체득할 수 있는 식물생태학의 실증적 뒷받침 속에서, 그는, 인간이 듣기에 좋은 말이 아니라 들어야만 하는 바로 그 말을 들려준다.

인간의 말

〈아침 기도〉 일곱 편과 〈저녁 기도〉 열 편이 여기에 속한다. 첫 번째 〈아침 기도〉에는 의미심장한 고백이 있다. 시인의 아들 노아가 우울증 환자들은 봄을 싫어한다고, "안과 밖의 세계가 불균형지니까" 그렇다고 말한다. 시인은 자신의 경우는 좀 다르다고, 봄이 되니 살아 있는 나무와 열정적으로 동일시하게 되고, 그 기분이 평화롭기까지 하다고 답한다. 그러자 노아는 행복한 사람들은 떨어지는 이파리처럼 정원을 배회한다고, 그러니까 전체가 아니라 부분으로서 자신을 인지한다고, 그런데 어머니처럼 그렇게 (이파리라는) '부분'이 아니라 (나무라는) '전체'와 동일시하는 것이야말로 "우울증 환자의 오류"라고 설명한다. 우울증의 실제 증례에 대한 의학적 논의는 우리 몫이 아니지만, 화자가 정원을 가꾸는 일을 통해 해결해야 할 심리적 문제가 있다는 것 정도는 알 수 있다. 그래서 신을 생각하고 또 부르게도 되는 것이리라. 〈아침 기도〉(2)에서 화자는 "사랑을 되돌려 주는 것만 사랑하는 것은 인간의 본성이 아니라는 것"을 알고 있다고 했지만, 그러니 응답 없는 신도 사랑해야 하는 것이겠지만, 그러나 그게 쉬운 일은 아니어서, 화자는 자주 제 답답함을 토로한다.

나 당신 사랑한다 말하면 나를 용서해 줘요: 약자가
언제나 겁에 질려 내몰리니까 강자는 늘
속고 있잖아요. 내가 품지 못하는 걸
나는 사랑할 수 없어요, 그리고 당신은 사실상
아무것도 보여 주지 않잖아요.

(…)

당신은 보셔야 해요

믿음을 돋우는 이런 침묵은 우리에게 아무 소용없다는 걸.

〈아침 기도〉(3) 부분

사랑한다는 말이 왜 용서를 받아야 하는가. 거짓말이기 때문이다. 약자인 인간이 겁에 질려 신에게 하는 거짓말. 그러니 신은 속고 있는 셈이다. 화자는 인간이 스스로 품을 수 없는 것을 어찌 사랑할 수 있겠느냐고 항변한다. 역자가 '품다'(conceive)라고 옮긴 말은 여기서는 '눈으로 볼 수 있는가'의 문제와 결부돼 있다. 신이 아무것도 보여 주지 않기 때문에, 화자는 신의 존재를 확신하고 그를 진정으로 사랑하기 어렵다. 그래서 화자는 (인용을 생략한 대목에서) 당신은 변함없이 그 자리에 있는 산사나무와 같은지, 아니면 종잡을 수 없는 폭스글로버와 같은지를 묻는다. 물론 신은 답이 없다. 그리고 그런 침묵은 (《욥기》에서처럼) 역설적이게도 인간의 '믿음'을 강하게 만들기도 한다. 그러나 화자의 생각은 다르다. '믿음을 더하는 침묵'은 아무 소용이 없다고 말이다. 그래서 〈아침 기도〉(4)에서는 "차라리 나, 자작나무에게 말 걸며 사는 게 나을지도 몰라요"라고 탄식하기에 이른다. 이어지는 〈아침 기도〉 두 편은 별다른 위장 없이 화자의 육성을 옮겨 놓고 있다.

내가 시간을 어떻게 보내는지 알고 싶지요?
나는 잡초를 뽑는 척하며 앞마당 잔디를
거닐어요. 당신은 아셔야 해요,
무릎 꿇고, 꽃밭에서 토끼풀 뭉텅이 뜯어내면서
내가 잡초를 뽑고 있지 않다는 걸: 사실
난 용기를 찾고 있는 중이에요, 내 인생이 바뀔 거라는

어떤 증거를 찾고 있어요,

〈아침 기도〉(5) 부분

내 심장이 당신께 무엇이길래

새 품종을 시험하는 정원사처럼

당신은 내 심장을 자꾸만

부수나요? 다른 걸로

연습하세요: 내가 어찌, 당신 원대로,

무리 속에서 살 수 있을까요, 당신이

내 종족의 건강한 이들에게서

나를 갈라 놓고 괴로운 격리를

강요하시면요

〈아침 기도〉(6) 부분

〈아침 기도〉(5)에서 화자는 가드닝이 자신에게 어떤 의미인지를 고백한다. 그는 "용기"를 찾고 있고, "내 인생이 바뀔 거라는 어떤 증거"를 찾고 있다. 그 증거가 될 "상징적인 이파리"(the symbolic leaf)를 하나 찾으려고 온 덤불을 다 뒤지고 있다는 것이다. 그래서 지금(시의 후반부) 화자의 손에 무엇이 있는가. 아무것도 없다. 이렇게 '징표'(sign)도 없이 계속해 나가는 게 핵심이냐고 화자는 다시 한번 대답 없는 신을 향해 묻는다. 이어지는 〈아침 기도〉(6)에서 화자는 자신이 건강하지 못하다는 것을, 그로 인해 평범한 사람들의 세상으로부터 고립된 채로 살아갈 수밖에 없는 현재의 상황을 문제 삼는다. "병든 장미"와 "진딧물"조차 정원에 거두는 신이 왜 자신은 외롭게 두느냐고 말이다. 루이즈 글릭의 거식증과 우울증 병력을 생각하게 되는 대목이다. 이렇게 〈욥기〉를 연상케 하는 내용과 어조의 기도가 〈아침 기도〉 내내 이어지다가, 〈저녁 기도〉 연작의 앞 시편들에서 잠시 분위기의 전환을 보여 주는가 싶더니, 계절이 가을을 향해 가는 연작의 후반부에는 다시 아래와 같이 바뀐다.

당신이 계획했던 것, 당신이 의도했던 것을 나 알아요, 내게

세상을 사랑하라고 가르치는 것, 완벽히 돌아서고

완벽히 닫아 버리는 걸 다시는 못 하게 만들기―

그건 어디에나 있어요; 내가 눈을 감을 때,

새의 노래, 이른 봄 라일락 향기, 여름 장미 향기:

당신은 데려가려고 하지요, 꽃들 하나하나, 대지와 연결된 그 하나하

나―

왜 당신은 내게 상처를 주려 하나요, 어째서 당신은 내가 마지막에

적막해지길 바라시나요, 내가 희망에 그리도 목매는 걸 당신이 원치

않으시면

나는 마침내 아무것도 내게 남지 않았다는 걸

보지 않으려 할 텐데요, 그 대신 마지막엔

당신만이 내게 남겨졌다는 걸 믿을 텐데요.

〈저녁 기도〉(7) 전문

화자는 신의 계획과 의도를 안다고 믿는다. 화자가 세상을 사랑하게 만드는 것, 그것일 수밖에 없다고 말이다. 세상에 등을 돌리거나 문을 걸어 잠그는 일이 불가능해지도록 만드는 일. 왜냐하면 화자에게는 이제 정원이 있으니까. 지금 정원 속에 있지 않더라도, 눈만 감으면 곧장 떠올릴 수 있는 자연의 아름다움이 있으니까. 봄의

라일락과 여름의 장미가 뿜어냈던 향기를 지금도 되살려 낼 수 있으니까. 그러나 여름을 지나 가을을 향해 가는 지금, 그 자연의 아름다움을 신은 걷어 가려 한다. 그래서 화자는 다시 묻는다. "왜 당신은 내게 상처를 주려 하시나요, 어째서 당신은 내가 마지막에 적막해지기를 바라시나요"라고 말이다. 이렇게 묻지 않을 수 없는 것은 화자에게 희망에 대한 갈구가 있기 때문이다. 차라리 그것이 없다면, 하고 화자는 탄식한다. 그렇다면, 봄과 여름의 찬란하던 모든 것들이 사라진다 해도, 이제 자신에게는 아무것도 남지 않게 되는 것이 아니라 (역설적이지만) 그럼에도 신은 남아 있다고 생각하게 되지 않았을까, 하고 말이다.

이처럼 신의 부재와 침묵에 대해 지치지 않고 문제를 제기해 온 인간-화자는 이제 시집의 끝에 이르러 다음과 같은 인식에 도달한다. 먼저 "당신은 도처에 있다, 지혜와 고뇌의 원천으로"(《저녁 기도: 재림》)라는 말은 '신의 부재'라는 문제에 대해 화자가 나름의 각성에 도달했음을 보여 주는 대목이다. 이에 더해 "이제 당신 목소리가 사라졌어요. 거의 들리지 않아요."라는 발견 앞에서 좌절하지 않고, "이제, 저는 모든 곳에서 침묵으로 듣습니다"라고 함으로써 변증법적 반전을 시도하는 화자의 모습(《저녁 기도》9)은 '신의 침묵'이라는 또 다른 문제에 대한 해결책이라고 할 만하다. 요컨대 신은 어디에나 있고, 언제나 말하고 있다. 신에게 간구하는 자가 얻어 낼 수 있는 답이 이와 다른 것일 수 있을까. 답은 늘 같다. 중요한 것은 그 답에 도달하는 과정의 열도(熱度)가 어느 정도인가 하는 것, 그래서 그 답이 진정으로 자기 자신을 설득하는 데 성공하도록 만들 수 있는가 하는 것이다. 이제 보겠지만 루이즈 글릭이 신을 화자로 설정한 몇 편의 시를 쓰기까지 한 것은 자신의 답을 온전히 자기 것으로 만들기 위한 노력일지도 모른다.

신의 말

볼테르의 《캉디드》(1759)에서 세상의 모든 불행을 다 겪은 일행이 마침내 도달한 곳은 어느 농가이고 그곳에서 캉디드는 이 세상 최후의/최고의 진리 하나를 이렇게 발설한다. "우리는 우리의 정원을 가꿔야 합니다." 세계 중심부의 폭력과 재앙에서 벗어나 나날의 일상에 충실한 삶이 최선이라는 뜻이다. 그러자 비관주의자 마르틴도 노동의 중요성을 강조하며 맞장구를 친다. "그것이 인생을 견딜만하게 해 주는 유일한 방법이에요." 이들의 결론이 신의 동의를 얻었는지는 알 수 없다. 그러나 여기·글릭의 정원에서는 신도 입을 연다. 정원을 이루는 것은 식물과 인간뿐이라고 생각하기 쉽지만, 그 둘에 영향을 미치는 다른 변인이 있다. 시간의 흐름에 따라 순차적으로 나타나는 계절 현상이 그것이다. 이 시집의 목소리들 아래에 선형적 시간이 흐르고 있다는 점을 놓쳐선 안 된다. 〈눈풀꽃〉과 〈봄 눈〉 등과 함께 시집이 열리고, 〈수확〉과 〈구월의 황혼〉과 함께 시집의 문이 닫히니까, 이른 봄에서 초가을까지라고 하면 되겠다. 시간 정보가 제목에 포함된 시편들이 모두 계절의 주재자인 신의 말이다.

나 자신을 이미지들에
한정짓는 일, 계속 못하겠어,

넌 나의 의미에 이의를 제기하는 게
네 권리라고 생각하니까:

나 이제 네게 명료함을 강요할
준비가 되었어.

〈맑은 아침〉 부분

너희가 뭘 바랐든,
정원에서 자라는 식물들 사이에
너희의 자리는 없을 거야.
너희들 삶은 식물들 삶처럼 순환하는 게 아니니:

너희들 삶은 새가 나는 것처럼
고요 속에서 시작하고 끝이 나지―
하얀 자작나무에서부터 사과나무까지
아치처럼 이렇게 메아리치는 형식으로
*시작*하고 *끝*이 나지.

〈물러가는 바람〉 부분

오랫동안 관찰하며 인간을 위해 맞춰 왔지만, 이제는 충분히 오래 봤으니, 내가 원하는 대로 하겠다는 선언이 첫 번째 시에 담겼다. 매개체를 통해 우회적으로 말해 왔고, 지상의 디테일로만, 이미지를 통해서만 말해 왔는데, 신이 전달하려 애쓴 의미는 자주 인간들의 이의 제기에 부딪쳤고 신은 이제 다른 방식을 택할 생각이다. "난 이제 네게 명료함을 강요할 준비가 되었어." 신의 말이 시인을 통해

재현될 수 있고 또 되어야 하는 이유를 마련하고 있는 대목이다. 이제 명료해지기로 작정한 신은, 두 번째 시에서, 인간이 가엾다고 말한다. 자신이 준 선물을 인간이 충분히 누리질 못하고 있기 때문이다. "땅 침대", "공기 담요", 그리고 결정적으로 "[인간이] 사용법을 몰랐던 시간"이 그것이다. 인간의 삶은 식물처럼 "돌고 돌지" 않고 "시작"과 "끝"이 있는 직선일 뿐인데, 식물을 가꾸는 인간이 제 한계에 충분히 자각적이지 않은 것처럼 보였던 모양이다. 정원과 인간의 이 엇갈림은 신의 목소리에 연민이 배어들게 한다.

나 다시는 하지 못했다,
그걸 바라보는 걸 차마 견딜 수 없어―

정원에서, 가는 빗줄기 속에서
완두콩 한 줄 심고 있는
젊은 연인들, 아무도
이 일 해 본 적 없는 것 같아,
아직까지 엄청난 시련들 맞닥뜨리지도
해결해 보지도 않은 것 같아―

연인들은 자신들을 보지 못하네,
상쾌한 흙 속에서,
아무 관점 없이 시작하면서,
그들 뒤엔 꽃들 구름처럼 드리운 담록색 구릉이―

여자는 그만하기를 원하고;

남자는 끝을 보고 싶어 해,

그것과 계속 있고 싶어 하네—

그녀를 좀 봐, 휴전하려고

그의 볼을 만지네, 손가락이

봄비에 청량하고;

가는 풀에서, 보라색 크로커스 꽃망울 터뜨리고—

여기서조차, 사랑의 시작에서조차,

그의 얼굴을 떠나는 그녀의 손은

출발하는 이미지를 연출하네,

그리고 그들은 생각하네,

이 슬픔을

못 본 척할 자유가 있다고.

〈정원〉 전문

과거 에덴에 남녀를 창조했다가 추방했던 신이 지금은 또 다른 정원에서 어느 남녀의 노동과 사랑을 지켜본다. 둘 중 누구도 경험이 있어 보이지 않고, 시련을 겪으며 배운 바도 없어 보인다. 게다가 비까지 내린다. 그들은 자신들이 어떤 상태인지 볼 수조차 없고, 일의 귀추에 대해 아무런 퍼스펙티브(perspective, 시야 혹은 전망)도 가질 수 없다. 여기서 남자와 여자는 갈라진다. 남자는 일을 계속할 것을, 여자는 집으로 돌아가기를 바란다. 4연과 5연 사이에는 약간의 언쟁이 있었던 것일까. 5연에서 여자는 "휴전"을 하기 위해 남자의 뺨을 만지다 그 손을 거둬들이고 있는데, 신은 그 거둬지는 손에서 어떤 '출발의 이미지'(an image of departure)를 읽는다. 함께 미래로 출발하는 것이 아니라, 남자로부터 여자의 마음이 출발하는(떠나는) 것이다. 관계 내부의 이 균열, 혹은 이별의 기미를 남자와 여자는 모른 척하지만, 신은 그것을 놓치지 않는다. 이것은 특정한 연인(부부)의 풍경이라기보다는 "슬픔" 없이는 지상에서 살아가지 못하는 일반적 인간 풍경의 묘사라고 봐야 할 것이다. 이 연민의 시선이 다음 시에서는 언짢음의 기색을 띤다.

그 누구의 절망도 나의 절망과 같지는 않다―

이 정원에 너희의 자리는 없다
그런 것들 생각하며 그 지겨운
표면의 흔적들을 만드는 너희들; 그 남자,
온 숲의 잡초를 야무지게도 뽑고 있다,
그 여자는 절뚝거리며 옷을 갈아입으려고도
머리 감으려고도 하지 않는다.

너희들이 서로 말하는지
내가 신경 쓸 거라 생각하니?
그런데 이건 알아 두면 좋겠어,
마음을 가진 두 창조물이
더 나은 존재들이길 내가 기대했단 걸:
너희가 서로를 진심으로 아끼지 않는다 해도,
적어도 너희가 알았으면 했지,

비탄은 나누어 퍼진다는 걸

너희들 사이에서, 너희들 집단에서, 나는

너희를 아니까, 짙은 파랑이

야생 실라꽃에, 하양이

숲 제비꽃에 흔적을 남기듯.

〈사월〉전문

이 시에서 인간의 노동은 신에게 냉정한 평가를 받는다. 그것은
"지겨운 표면의 흔적들"(the tiresome outward signs)이 되고 있을 뿐이
다. 풀이하자면, 신이 보기에 뭔가 신경 쓰이게 하는 징후들만 외부
로 노출되고 있을 뿐 내적으로 생산적이고 충만한 노동이 되고 있
지 못하다는 것이다. 관계의 불모성이 노동의 비생산성을 낳았다는
게 신의 판단이다. 핵심은 "비탄은 나누어 퍼진다는 걸 너희들 사
이에서"라고 번역된 "grief is distributed between you"라는 문장이다.
비탄은 모두에게 분산돼 있다는 것이다. 누구도 슬프지 않은 사람
은 없다는 말이다. 서로를 실제로 돌보지는 못하더라도, 그렇다는
사실만큼은 알았으면 하고 신은 바랐다. 그러나 남자와 여자는 말
을 섞지 않는다. 자기만이 절망적이라고, 자기의 절망만이 중요하다
고 생각하기 때문이다. 시인이 강조해서 표기한 첫 문장은 지금 두
남녀의 내면에 자리 잡은 자기중심성, 서로를 돌보지 않아 생긴 절
망의 고립 상태를 꼬집는 말이다. 그러면서 인간은 그토록 부당하
다는 듯이 신의 부재와 침묵을 탓해 왔단 말인가. 신의 마지막 말은
결국, 별다른 주석이 필요하지 않은, 다음과 같은 구절들 속에 있다
고 해야 할 것 같다.

내 커다란 행복은

절망 속에서도 내게 외치는

네 목소리가 만드는 소리; 내 슬픔은

네가 내 거라 받아들이는 말로

네게 대답할 수 없다는 것.

〈저녁노을〉 부분

여름밤에 나는 네게 노래를 불러 주었지, 충분히 오래.

마지막에 가선 내가 너를 이길 거야; 세상은 너에게

이처럼 한결같은 전망을 주지 못하잖아.

너는 나를 사랑하는 법을 배워야 해. 침묵과 어둠을

사랑하는 법을 사람은 배워야 해.

〈자장가〉 부분

***

지금까지의 축어적 읽기에서 한발 더 나아가 '목소리들의 관계'를 생각하며 읽는 일이 이후 우리 모두의 과제로 남는다. 언뜻 보면 이 시집의 목소리들은 고립돼 있다. "《야생 붓꽃》은 많은 목소리가 있음에도 몹시 외로운 시집이다. 화자들 각자의 목소리는, 결국, 독자에게만 들리기 때문이다."● 그렇게 세 목소리는 불화한다. 세 목소리가 예정된 조화를 향해 나아갔다면 진부해졌을지도 모른다. 아름다움은 불화를 봉합하는 것이 아니라 그것을 살아 내는 데서 온다고 보는 사람에게는 말이다. 그러나 각 시편 사이에 유기적 연결이 있다는 점은 부정할 수 없다. 인간이 잡초를 뽑는 장면(《사월》) 뒤에 잡초의 발언이 나오거나(《개기장풀》), 말하기에 지친 신이 인간 스스로 이야기를 해야 한다고 말한 이후(《물러가는 빛》) 인간이 글쓰기를 시작하는 장면이 나오거나(《저녁 기도: 재림》) 하는 식으로 말이다. 이렇게 보면 세 주체 사이에 대화가 실현된 것은 아니지만 대화적 관계가 잠재돼 있다고 말할 수는 있다. 이 대화를 현실화시킬 수 있는 유일한 존재는 독자다. 그것은 세 개의 독백을 하나의 트라이얼로그로 만들어 나가는, 일종의 서사화 작업이 될 것이다.

한 사람이 세 개의 목소리를 창조해 내고 그것들 사이에 이토록 팽팽한 힘의 균형을 이뤄 내는 것은 쉬운 일이 아니다. 제 내면을 탐사하고 이를 건축적으로 설계해 낸 장엄한 시도다. 예술적 자기 분열의 시도이자 내적 사제(師弟) 관계의 발명이라고 할 수도 있다. 이는 무엇보다도 시인 자신을 설득하고 치유하기 위한 것이었겠지만 그 수혜자는 독자 모두가 된다. 여기서 글릭의 수상 이유로 거론된 "unmistakable poetic voice"를 다시 생각해 볼 일이다. 국내 보도들은 'unmistakable'을 '확고한', '뚜렷한', '분명한' 등으로 대수롭지 않게 옮겼다. 이것을 '실수를-범할 수 있게 하지-않는'이라 옮기는 것까지는 무리더라도 단어 자체는 그런 뜻임을 음미할 필요가 있을 것이다. 그는 자신이 아닌 다른 존재의 목소리로 말하더라도 독자를 그 존재들에 대한 오해와 착오로 이끌지 않는다. 그리고 그것이 한 사람의 놀라운 자기 탐구와 거듭남의 결과임을 실감할 수 있게 만든다. 시를 두고 '위대한'이라는 말을 쓸 수 있는 드문 순간이 바로 이런 때다.

• *The Wild Iris* is a strikingly lonely collection, despite its many voices, because each of its speakers is audible, in the end, only to the reader." Issac Cates, "Louise Glück: Interstices and Silences.", *Literary Imagination: The review of the Association of Literary Scholars and Critics.* 5.3 (2003), p. 468.

꿀벌이 없는 시인의 정원에서

정은귀

"내 말 좀 들어 봐"라는 말

미국은 정원을 가꾸는 일이 특별한 취미가 아니고 일상인 나라다. 동네를 산책하다가 어느 집 담벼락에서 고개를 수그리고 꽃을 심는 누군가가 있다면 잠시 멈춰 서서 계절과 꽃 이야기를 건네 보라. 처음 보는 모르는 이웃과 친해지는 가장 쉬운 길일 것이다. 글릭의 시집《야생 붓꽃》을 들고 그 안에 담긴 꽃 이야기를 하는 걸 상상해 본다. 아마 이웃은 반겨 인사할 것이다. 우리에겐 다소 낯선 꽃 이름도 많지만 미국의 일상에서 이 시집에 등장하는 꽃과 풀은 그다지 낯설지 않다. 잡초까지도. 꽃은 일상이다. 꽃은 단조로운 하루에 빛을 주는 가깝고 친근한 생명이다. 꽃을 잘 들여다보지 않는 것은 우리다. 시인 글릭은《야생 붓꽃》에서 바로 그 낯익은 생명들을, 또 그 생명을 꽃을 가꾸는 정원사의 일과를 초대한다. 그리고 "내 말 좀 들어 봐"라고 청한다. 야생 붓꽃의 목소리로.

그런데 그 말을 귀담아 듣고 온전히 이해하는 일은 생각보다 쉽지 않다. 시집 전체가 54편의 비교적 짧은 시들로 이루어져 있다. 비교적 간명한 단어들이라 굳이 사전을 찾아 볼 필요도 없다. 그런데 기이하게도 금방 뜻이 들어오지 않고 아리송할 때가 많다. "내 말 좀 들어 봐" 해 놓고선 호락호락 넘어오지 않겠다는 듯, 시는 여러 겹의 목소리로 독자들을 혼란에 빠트린다. 이 시집을 독자들은 여러 번 되풀이해 읽어야 될지도 모르겠다. 아니, 어쩌면 꽃을 들여다볼 때처럼 세심하게 보면 그걸로 충분할지도 모르겠다. 어떻든, 이 시집은 사람이건 꽃이건, 풀이건, 저녁나절 햇살이건, 여름 오후 바람이건, 대상을 세심하게 보지 않고 멀리서 예쁘다, 별로다, 심드렁하게 쉽게 결론을 내리는 우리의 습관을 다시 보라고, 단호하게 허리를 곧추 세우라고 요구하는 것 같다.

글릭의 시에 대해 '어렵지 않은 것 같은데 묘하다, 혹은 알 것 같은데 모르겠다' 말하는 평자들이 많은 것은, 글릭의 시가 대답하기보다는 질문하는 시이기 때문이다. 그 질문은 다양한 목소리의 변주에서 나온다. 그 목소리의 변주는 시인으로서는 가면일 수도 있다. 유독 적나라한 고백을 싫어하는 시인이니 말이다.

이번 시집을 번역하면서도 가장 고심했던 것이 그 목소리의 결을 살리는 일이었다. 시집을 읽는 방법이 여러 갈래가 있겠지만, 시를 먼저 읽지 않고 이 글을 읽고 있다면, 일단 여기서 덮고, 시로 돌아가 시와 먼저 만난 다음에 이 글을 읽고 다시 시를 읽어 보시라 권하고 싶다. 그래야 "내 말 좀 들어 봐"라는 야생 붓꽃의 간곡한 외침이 각자의 세계 안에서 더 실감나게 들릴 것이기 때문이다. 시에 관한 한, 때로는 직선의 이해보다는 헤매며 고민하는 시간이 각자의 세계 안에서 더 많은 의미를 품게 하는 법이니 말이다.

1992년 출판된 시인의 여섯 번째 시집 《야생 붓꽃》은 시인에게 퓰리처상과 윌리엄 칼로스 윌리엄스 시 협회상을 안겨 준 대표작이다. 미국시사에서 식물에게 이렇게나 다양하고 생생한 그들만의 목소리를 부여한 시인은 그 이전에도 그 이후에도 없다. 정원 가꾸기가 취미였던 에밀리 디킨슨(Emily Dickinson, 1830~86)이 자연에 대한 시, 특히 꽃을 매우 섬세하게 관찰하고 묘사하는 시를 많이 썼지만, 글릭처럼 이토록 온전히 꽃의 목소리를 직접 구사하지는 않았다. 동시대 시인 메리 올리버(Mary Oliver, 1935~2019)도 자연과 가까이 한 삶에서 다른 존재들에 대한 시를 많이 썼지만 인간의 시선으로 대상을 면밀히 보는 시들이 많았다. 글릭에게 이르러 꽃은 비로소 꽃 자체가 된다.

글릭은 1968년 시집 《맏이》(Firstborn) 출간 이후 최근까지도 꾸준히 시를 써 왔다. 2020년 노벨문학상을 받아 시인으로서는 최고로 영광된 정점을 찍은 셈이지만, 미국에서는 이미 시인으로서 탈수 있는 상을 거의 다 받았기에 노벨문학상이 시인의 최고의 정점은 아닐 것이다. 노벨문학상을 수상하는 자리에서 "난 보잘것없는이! 당신은 누군가요?"(I am Nobody! Who are you?)로 시작하는 디킨슨의 시를 읽은 것만 보더라도 시인의 성향을 짐작할 수 있다. 노벨문학상 수상을 알리는 스웨덴 한림원과의 짧은 인터뷰 끝에 "몇 분지났죠? 얼른 가서 커피를 마셔야 하는데"라고 말했으니, 글릭에게시인의 이름으로 주어지는 명예는 일상을 유지하는 작은 리듬보다더 크지 않으며, 그 흐름 속에서 글릭은 견고하게 시의 언어를 구축해 왔다.

《야생 붓꽃》은 글릭의 시적 실험을 선명하게 보여 주는 시집이다. 시집은 꽃과 정원사-시인의 기도와 신이 함께 거주하는 정원의 세계다. 아침저녁으로 나가서 꽃을 살피고 꽃과 대화하고 날씨를 보고 햇살과 바람을 느끼는 곳이지만 그 정원은 이상하게도 꿀벌이 없는 정원이다. 글릭이 좋아하는 시인 디킨슨의 정원은 꿀벌로 가득한데, 글릭의 정원은 꿀벌이 없다. 그래서 실제의 정원이라기보다 상상 속의 정원으로 읽히기도 한다. 글릭이 좋아하는 또 다른 시인 윌리엄스(William Carlos Williams, 1883~1963)처럼 글릭은 그림을 그리듯 시의 공간을 인잼먼트(enjambment, 행간걸침)를 적극 활용하여 세심하게 배치한다. 전체 54편의 짧은 시들은 서너 겹의 목소리들로 이루어져 있다. 꽃, 꽃나무, 풀 등의 목소리가 18편을 차지하는데, 시의 제목으로 삼은 서로 다른 꽃들이 제각각 독립적인 목소리를 가지고 말을 건넨다. 그리고 아침 기도, 저녁 기도 같은 제목으로 된 시들이 17편 있는데, 이는 정원사이자 시인의 목소리라고 보면 되겠다. 나머지 19편은 저녁 햇살이나 이른 아침, 봄 눈, 겨울 끝자락 등 다양한 방식으로 이 세계에 모습을 드러내어 세계를 주관하는 신의 목소리가 차지하는데, 이건 편의상 나눈 분류이고, 세심히 살펴보면 19편 중 15편은 신의 목소리를 입은 자연 혹은 자연의 모습을 띤 신의 목소리고, 나머지 4편은 시인 개인의 목소리가 크게 들린다. 그리고 이 목소리들은 서로가 서로에게 말을 걸고 또 말을 듣는다. 번역을 할 때, 각각의 시편들에 따라서 목소리의 톤을 정하는 것이 쉽지 않았는데, 어떤 꽃은 높임체를 쓰고 어떤 꽃은 말을 낮춘다. 어떤 시에서 신은 자애롭고 어떤 시에서 신은 친구보다 더 가볍게 인간을 놀린다.

어떤 목소리, 어떤 톤이든 간에, 시집은 시인이 줄곧 견지해 온 '서정시'를 쓰는 시인으로서의 문제의식이 팽팽하다. 20세기 내내 미국의 시단은 서정시에 우호적인 편이 아니었다. "아우슈비츠 이후에 시를 쓰는 것은 야만"(To write poetry after Auschwitz is barbaric.)이라고 일갈한 철학자 아도르노(Theodor W. Adorno)의 음성은 실은 서정시가 지나치게 자신에게 함몰되는 경향을 비판하면서 희망을 잃은 세기에 시의 목소리가 나아갈 길을 묻는 엄중한 방향타였다. 그런데 서정시의 과제를 묻는 그 질문이 너무나 자주 서정시의 종말, 나아가 시의 종말로 인용되곤 했고, 특히 1960~70년대 고백시가 한차례 휩쓸고 지나간 미국의 시단에서 서정시의 시적 주체인 '나'는 유난히 문제적이고 불안한 자리를 차지하고 있었다. 가령 이런 질문이다. 시의 진실은 어디에 있는가? 시의 목소리를 믿을 수 있는가? 무엇으로 어떻게? 독자는 시를 어떻게 만나야 하는가? 1980년대 들어 더욱 거세어진 서정-실험 논쟁에서 많은 평자들이 서정시의 종말을 선언할 때 꿋꿋하게 서정시를 쓰는 시인으로 자기 규정을 했던 글릭은 《야생 붓꽃》에서 그 곤고한 시의 자리와 시의 역할, 시의 언어가 갖는 힘을 되묻는다.

독자는 시를 차례대로 읽으면서 자기 자신에게서 나와서 꽃이 되고, 꽃을 가꾸는 정원사가 되고, 다시 신이 되어 인간에게 말을 거는 일종의 복화술사 글릭을 만난다. 꽃은 꽃에게 말을 걸고, 인간에게 말을 걸고, 신은 인간에게 말을 걸고, 정원사는 신에게 또 꽃에게 말을 건다. 사이사이 틈새로 남편과의 결혼 생활을 복기하는 중년의 여성 글릭이 있고, 미국의 시단에서 비평의 메마른 가시를 의식하는 시인 글릭이 있고, 장성한 아이들을 떠나보낼 차비를 하는 중년의 우울한 엄마 글릭이 있다. 꽃과 정원사 시인, 그리고 신이라는 다른 층위의 목소리들이 제각각 누군가에게 열심히 말을 건네는데, 그렇다고 누가 들어주는지는 미지수다. 각각의 목소리들은 모두 자기에게서 떠났다가 다시 또 열렬히 자신에게로 돌아간다. 메아리처럼. 글릭의 다른 시집에서도 자주 발견되는 떠남과 귀환이라는 그 이중 리듬이 이 시집에도 완연하다. 시인은 대체 누구에게 왜 이토록 다양한 얼굴로 말을 건네는 것일까?

질문하는 목소리들

《야생 붓꽃》 직전의 시집 《아라라트 산》(Ararat, 1990)의 마지막 시 〈첫 기억〉(First Memory)에서 글릭은 말한다. "어린 날, 맨 처음부터 나는 생각했지 / 고통의 의미는 / 내가 사랑받지 않았다는 것. / 그건 내가 사랑했다는 의미"(from the beginning of time, / in childhood, I thought / that pain meant / I was not loved. / It meant I loved.). 이제 《야생 붓꽃》으로 건너 와서 시인은 정원을 가꾸면서 '살며 사랑하는' 일에 대해 이야기한다. 그건 곧 '사랑 없이 죽는' 일에 대한 이야기이기도 하다. 글릭은 우리가 나날이 지나는 일상의 순간들과 기독교 전통, 신화적 세계를 절묘하게 엮는데, 엘리엇(T.S. Eliot) 등 모더니즘 신화의 거장 시인들이 시도했던 난해한 지식의 시적 전용이 두드러지지 않는다. 먼 과거의 신화에 대한 해박한 지식을 필요로 하지 않는 시는 낮은 일상의 목소리에 지배된다. 하루치 삶에서 정원을 돌보며 경험하는 크고 작은 일들을 시인은 무심한 듯, 큰 감정의 파고 없이 엮는다. 상실과 고통을 토로하는 고백시파 시인들에게 자주 드러나는 극심한 감정의 파고가 글릭의 시에서는 두드러지지 않는다. 사랑과 삶, 죽음과 상실을 응시하는 감각이 열렬하고 끈질기지만 그 에너지는 줄곧 저류로 흐른다. 과격한 고함이나 절규 대신, 침묵과 인내, 고요한 관찰과 수긍이 있다. 인간의 실패를 용서하고 품는 너그러운 신도 있지만 냉정한 분석으로 힐난하는 인간화된 신이 있다. 그늘에서만 꽃을 피우는 연령초가 있는가 하면, 인간에게도 신에게도 고개 숙이지 않고 생의 에너지를 지피며 내 자리를 주장하는 잡초가 있다.

　"내 고통의 끝자락에 / 문이 하나 있었어."로 시작하는 표제시 〈야생 붓꽃〉에서 시인이 왜 이토록 집요하게 말을 건네는지 드러난다. "목소리를 찾으러 돌아오는 것," 모든 꽃의 발화는 목소리를 찾으러 오는 길이다. 시인은 꽃들의 발화를 망각에서 돌아오는 과정으로 본다. 자신의 작업은 망각에서 기억을 건져 내는 일이란 것을 강하게 환기하는 시의 마지막 푸르게 흩어지는 물의 이미지다. 붓꽃은 보라에 가까운 푸른색으로 피어나는데, 여기서는 오비드

(Ovid)의 《변신》(Metamorphoses)에서 여인들이 강이 되고 바다가 되어 남성성의 권위를 전복하는 이미지와도 겹쳐진다. 처음 번역할 때 꽃의 말이라서 높임체를 썼다가 권위에 도전하는 꽃, 망각을 딛고 말을 하려고 죽음을 건너서 마침내 피는 꽃의 힘을 생각해서 다시 비격식체로 바꾸었다. 시마다 톤을 달리 한 것은 역자가 시를 읽으며 느낀 목소리의 결 때문이라서 혹 다른 이가 읽으면 다른 톤으로 말하고 싶어질지도 모르겠다.

두 번째 시에는 아침 기도를 드리는 정원사-시인이 나온다. 총 17편의 기도시가 같은 제목의 〈아침 기도〉(Matins) 7편, 〈저녁 기도〉(Vespers) 10편이다. 기도를 할 때 우리는 대개 작아진다. 그래서 대부분 높임체로 옮겼는데, 때로는 높임의 정도를 조절했다. 가령 두 번째 시는 아들 노아와 시인이 자연스럽게 주고받는 문답식의 대화가 기도 안에 스며들기 때문에 그 분위기를 살렸다. 첫 결혼의 기억이 짙게 드리운 첫 시집 《맏이》(Firstborn, 1968)를 보면 첫 결혼의 기억이 사랑의 환희와 상실로 무척 고통스럽게 그려졌다. 첫 시집의 우울한 분위기는 뒤로 갈수록 안정적으로 밝아지는데, 《늪지 위의 집》에서 《야생 붓꽃》에 이르는 시간은 우울과 불안에서 밝음으로 서서히 걸어나오는 치유의 과정임을 알 수 있다. 이 시는 시집 전체에서도 여러모로 중요한데, 행복에 대한 재정의가 나오기 때문이다. "전체가 아닌 / 부분의 형상으로" 정원을 배회하면서도 행복해질 수 있다는 것. 우리의 세계 인식에서 조화, 전체, 합일 등이 부분, 파편보다 우위를 점하던 시절이 오래였다. 시인은 그 사유체계를 다시 생각해 보게끔 안내한다. 이어지는 기도에서는 기도하는 정원사-시인은 에덴동산에서 쫓겨난 아담과 이브를 연상케 한다.

글릭의 정원이 에덴동산이 아니라 낙원에서 쫓겨난 이들이 노동하는 공간이듯이, 꿀벌이 없는 글릭의 정원에 피는 꽃들은 주로 낮게 숨어서 그늘 속에서 핀다. 죽음과 같은 추위와 침묵을 딛고 돌아와 분수처럼 흩어지는 꽃이나(〈야생 붓꽃〉), "산산이 부서졌기" 때문에 말을 하고(〈꽃양귀비〉), 두터운 단풍나무 사이 간간이 비치는 태양빛에 간신히 피면서 "살아 있는 것들이 모두 똑같은 정도로 / 빛을 필요로 하지는 않아요. 우리 중 일부는 / 우리 자신의 빛을 만들어요"라고 이야기한다(〈광대수염꽃〉). 누가 들여다보지 않아도 저만치 혼자서 피는 꽃들이다. "차가운 빛 속에서 / 다시 나를 여는 법을 기억해 내리라고는" 생각하지 못했다고 말하며 "기쁨에 모험을 걸어 보자고" 말하는 〈눈풀꽃〉의 외침도 비슷하다. 절망에서 살아남으려면 긴 시간 축축한 땅 속에서의 기다림의 시간이 필요한법. 그러니 자연스레 알게 된다. 추방당한 자들이 모여 사는 글릭의 정원에는 정원사의 살핌이 필요 없는 꽃들이 많다는 걸. 꿀벌이 등장하지 않는 것도 그런 이유이리라.

글릭의 정원에 사는 신은 우리가 아는 인자하고 참을성 많은 신이 아니다. 변덕이 많고 불만이 많아서 "(신의) 의미에 이의를 제기하는 게" 당연한 권리라고 생각하는 인간들에게 "내가 너의 한계를 다 받아 주었잖아"라며 쏘아붙이는 신이다(〈맑은 아침〉). 많은 경우, 신의 목소리를 담아 계절과 시간과 때와 햇살과 바람을 이야기하는 시들은, 다 컸다고 자기 세계를 만드는 아들 노아에게 그만 하면 되었어, 라고 말하는 엄마의 목소리가 이입된 신이다. "나 너를 태어나게 해 주었지. / 지금껏 내 비통함이 언제 / 너의 즐거움을 막은 적이 있었는지?"라고 묻는 목소리는 신의 목소리이면서 동시에 어머니의 목소리다(〈겨울의 끝〉). 그 어머니-대지-신은, "나는 들었어, 당신 울음들을, 그 울음들 이전의 울음들"이라고 말하며 바닥난 인내를 드러내 보이긴 해도, 그래도 변함없이 고요히 함께 있음을 각인시킨다(《봄 눈》). 그 봄 눈을 뚫고 꽃이 필 것이 때문이다. 그래서 정원사-시인은 아침 기도를 하면서, "내 심장이 당신께 무엇이길래 / 새 품종을 시험하는 정원사처럼 / 당신은 내 심장을 자꾸만 / 부수나요?"라고 물을 수 있는 것이다(《아침 기도》6). "잘못된 어린 시절"의 건강한 자신을 돌려달라고 청하는 그 시에서 우리는 시인이 어린 시절 감당해야만 했던 엄청난 죄의식과 책임 의식, 그로 인한 거식증과의 싸움 등도 함께 읽을 수 있다.

글릭이 미국 시단에서 느낀 고립감과 자의식이 강하게 배어나오는 시들도 있다. "내버려 두세요, 그들이 / 낭만주의자들과 함께 나를 묻어 버리도록, / 그 뾰족한 노란 이파리들이 / 떨어져서 나를 덮어 버리도록" 하는 (《아침 기도》4) 대목에서는 어느 특정한 유파나 그룹에 속하지 않고 활동한 시인으로서의 자의식, 서정시가 한물 간 흐름으로 치부되던 때 변함없이 서정시를 쓰는 시인으로 스스로를 규정하면서 시를 쓴 시인이 그 고립에도 불구하고 완강하게 버티어 내겠다는 의지가 읽힌다. 하지만 그 버팀도 독야청청하겠다는 의지이기보다는 수동적인 견딤과 수용에 가깝다. 바로 이어지는 시 〈실라꽃〉에서 무리를 짓는 인간들의 일이 얼마나 무의미한지, 동시에, 꼿꼿하게 신과 비슷한 수준으로 나르시시즘으로 무장한 인간들의 모습을 함께 응시하면서 "왜 / 너희는 목소리를 보물처럼 여기니, / 어떤 것이 된다는 건 / 아무것도 아닌 것과 비슷한데?"라고 묻는 것이 그러한 수긍과 수용, 버림의 자세를 말해 준다.

〈실라꽃〉이 인간에게, 정원사-시인에게 던지는 질문처럼, 어쩌면 이 시집에서 목소리들의 출발점과 도착점, 화자와 청자의 관계를 나누는 것은 큰 의미가 없는 것일지도 모른다. 각각의 목소리는 각각의 존재 안에서 독립적으로 말을 하지만 서로 겹쳐져 있다. 〈산사나무〉는 "나란히 있되, 손을 잡지는 않고" 여름 정원을 걷는 사람들을 본다. "움직일 수 없는 것들은 / 바라보는 법을 배우지"라는 깨달음은 꽃의 것이기도 하고 나무의 것이기도 하고, 비체(卑體)로서의 인간의 것이기도 하다. 글릭의 시에서는 낮은 자리에 있는 존재가 지혜를 알고, 높은 자리에 있는 존재가 화를 낸다. 인간의 열정 혹은 분노가 애써 모은 전부를 떨어뜨리기도 한다는 시의 말미에 이르러서는 식물성의 힘이 인간의 우둔함을 짚고 있음이 더욱 선명해진다.

때로 꽃은 인간과 신에게 동시에 말을 걸기도 한다. 〈제비꽃〉에서 제비꽃이 "무엇이 / 당신을 우리에게로 데려왔을까요, / 당신을 가르칠 우리에게로"라고 말할 때, 작고 여리고 숨겨진 꽃의 작음은, 인간과 신이 만든 이 거대한 세계를 무릎 꿇게 한다. 세계의 파고 속에서 큰 손을 쥐고 무릎 꿇고 우는 인간과 "가여운 슬픈 신"은 겹쳐 호명된다. 작고 보잘 것 없는 식물성의 존재가 정원을 가꾸는 인간, 이 세계를 만든 신보다 더 큰 힘으로 올라서는 것은, 그 다음 시 〈개기장풀〉에서 극대화된다.

내가 만들 세상

개기장풀은 어디서나 흔히 볼 수 있는 키 큰 잡초다. 정원사의 손에 뽑혀 나가야 하는 잡초의 운명, 이는 문명사회에서 화형에 처해지는 "마녀"(witch)의 운명과 비슷하다. 특히 미국 사회에서 마녀는 미국이라는 국가의 건국 안에 깃든 뿌리 깊은 죄의식이다. 미국

동부 매사추세츠 주, 세일럼의 역사를 떠올려 보면 어렵지 않게 수긍이 간다. 뽑혀져 나갈 운명인 잡초가 "살아남기 위해서 당신의 찬사는 / 필요 없습니다"라며 어느 누구보다 먼저 이 들판에 깃든 자신의 존재를 긍정할 때, 이 긍정에 대들 수 있는 존재는 없어 보인다. 시의 마지막 "내가 그 들판을 만들 것입니다"(I will constitute the field)는 번역을 할 때 가장 오래 고민한 대목인데, 우리말로 흔히 '설립하다'로 해석되는 단어가 "constitute"인데 우리말의 그 대칭은 영어의 원래 뜻을 다소 좁히고 왜곡하는 측면이 있다. 'constitute'는 부분으로 전체를 이루겠다는 말이며 내가 이 세상의 '입법자'가 되겠노라는 공식 선언이다. 마치 하느님이 이 세계를 만든 것처럼. 예쁜 꽃만 남겨 두고 잡초는 뽑아 버리는 정원사가 정원을 가꾸는 방식과는 다르게, 잡초가 이 들판을 무성하게 덮어 버리겠다는 선언, 비체들의 반란인 셈이다.

여기서 "field" 또한 여러 층위의 의미를 품고 있는 말이다. 일차적으로는 '들판'이지만, 이 들판은 이 세계의 축소판이다. 모두가 서로 잘난 듯 다투는 현장이자 싸움터(battlefield)다. 서로 잘났다고 떠들며 판을 짜는 시인들의 세계, 내 안의 서로 다른 나가 시시각각 싸우는 의식의 세계(field of consciousness), 짐짓 평화를 가장하고서 무수히 죽고 죽이는 부부의 세계. 그 세계에서 잡초가, 뽑혀 나가야 할 마녀의 풀이 말한다. 내가 이 세계에서 나의 판을 짜겠노라고. 당신 도움, 당신 이름, 당신 칭찬 없이 말이다. 이는 정원사-인간에 대한 거부를 넘어, 이 세계를 만들어 이름을 부여하고 호명하는 신에 대한 거부이기도 하다. 부분이 전체를 만드는 것의 의미에 권위를 부여하는 단어 "constitute"를 택한 시인의 선택은, 평범한 일상 언어가 만드는 시의 반란을 통해서 시의 전복적인 수행성을 효과적으로 잘 보여 주는 통쾌한 예다. 이제 어느 누구도 이 세계에서 마녀의 풀 잡초를 쉽게 뽑지 못할 것이니 말이다.

〈꽃양귀비〉는 "위대한 것은 / 생각이 있는 게 / 아니랍니다. 느낌들"로 시작한다. 시의 원문은 "The great thing / is not having / a mind. Feelings:"인데, 여기서 "mind"는 이성을 앞세운 생각 혹은 마음이란 뜻이다. 윌리엄 블레이크(William Blake)의 시 〈런던〉(London)에 "mind-forged manacles"란 대목이 나오는데, "마음이 벼려낸 사슬들"로 흔히 해석하는 이 구절 또한 느낌보다 합리적 이성을 앞세운 사유를 의미하는 대목이다. 모든 인간은 마음이 만드는 사슬에서 자유롭지 않다. 누구도. 나 또한 여기에 묶여 있다는 걸 깨닫는 때가 바로 해방의 순간인데 블레이크는 "모든 사람"(every man)이 여기 갇혀 있음을 본다. 꽃이 인간에게 전하는 말로 이 시를 읽을 때, 사물을 판단하는 사유의 작용으로 "느낌"과 구별되는 단어를 내세워야 했다. 그래서 블레이크적인 문제의식을 품은 구절임에도, "마음"보다는 "생각"이 더 적절한 단어로 여겨져 고심 끝에 선택했다. 비슷한 고민이, 영어 "heart"다. 경우에 따라서 가슴이 될 수도 있고, 심장이 될 수도 있는데, 시에서는 같은 단어로 반복되지만, "그분께 / 나를 열어서, 제 가슴의 / 불을 보여 주지요, 그가 제 가슴에 / 있는 것만 같은 그런 불을. / 심장이 없다면 그런 영광이 / 어떻게 가능할까요?"라고 문맥에 따라서 각각 가슴과 심장으로 달리 옮겼다. 위대한 것은 생각이 아니라 느낌이라는 꽃양귀비의 전언은 산산이 부서졌기에 말을 한다는 시의 말미에 와서 더 선연해진다. 우리는 권위를 부여받은 말이 있어서 말을 하는 것이 아니다. 상처받고 부서지고 깨졌지만, 그 깨진 조각조각들, 산산조각이 난 것들로 우리는 말을 이어간다. 왜냐면 그래야 하니까. 이것이 붉디붉은 꽃양귀비가 이제는 자신을 꼭 닫고 사는 인간에게 전하는 말이다.

〈하늘과 땅〉은 시인의 시 세계에서 많은 부분을 차지하는 남녀 관계에 대한 질문을 품고 있다. "어떻게 내가 남편을 떠날 수 있을까?"라는 질문은 겉으로는 평화롭게 일상을 영위하지만, 불쑥불쑥 떠날 생각을 하는(하게 되는, 결혼생활이란 것이, 그렇다) 아내의 의식을 그린다. 제목이 하늘과 땅인 것이 흥미롭다. "정원 가장자리에서 / 타오르는 단풍나무에 / 완전히 사로잡혀서 / 정말로 오도 가도 못하고" 있는 여름 해를 보면, 이 지상의 현실에 사로잡힌 것이 인간인지 신인지 나무인지 잘 모르겠다. 어쩌면 신이 인간에게 사로잡혀 있는 것인지도 모른다. 인간이 꽃에 사로잡혀 있듯이. 마찬가지로 자기를 떠날 생각을 하고 있는 아내는 상상도 못하고 의기양양한 이 세상의 남편들은 이 반란을 끝내 알 수 없을 것이다. 마침내 아내가 완전히 떠날 것을 선언할 때까지. (실제로 글릭은 1996년에 존과 결혼 생활을 끝냈다.)

'너머'를 모르는 목소리들

시집 후반부에도 이처럼 아내이자 엄마인 시인 자신의 목소리가 자주 드러난다. 꽃이나 식물, 자연물, 신의 목소리를 입고도 시인의 시선은 이 세계의 매일의 현장을 바라본다. 아이들 무리, 무리에서 낙오된 한 아이(〈입구〉), 각자 다른 것을 원하는 인간들에게 어떻게 도와줄까 묻는 〈한여름〉의 신의 목소리는 매일 투닥 투닥 질문하는 아이들에게 지친 엄마의 목소리이기도 하다. 그 지친 일상을 신-어머니-대지는 묵묵히 견딘다. 정원사-시인-인간은 애써 일상을 달래며 농사를 짓는다. 인간의 열망과 질문에 침묵하는 신의 목소리가 길어져도 그 길어진 부재를 견딘다. 해충의 반점이 돋아 이른 어둠 속에서 떨어지는 덩굴들을 보면서 나의 "책임"을 자각한다(〈저녁 기도〉2). "계속하세요: 당신 생각을 말해 봐요. 그 정원은 / 진짜 세상이 아니랍니다. 기계들이야말로 / 진짜 세상이지요"(〈데이지꽃〉) 당돌하게 이 세계의 질서를 질문하는 꽃의 질문은 계속 이어진다. 그렇다면 신과 인간은 어떠한가?

"모든 일들이 내게 일어난 후, / 공허함이 밀려왔다"고 고백하는 여름 끝자락, 신의 공허함은 아이를 다 키워 놓고 난 후에 느끼는 중년의 어머니의 공허함이기도 하고, 애써 형식과 행간을 생각하며 시를 짓는 시인의 공허함이기도 하다. "형식 안에서 내가 지녔던 기쁨에는 / 한계가 있다"의 그 형식은(〈여름의 끝〉) 이 세계의 질서를 창조한 신의 고민인 동시에 시의 행간을 두고 하는 시인의 고민, 모든 창작품을 바라보는 크고 작은 창조자의 고민이다. 이제 찬란한 햇살이 땅 속으로 숨는 여름의 끝에서 "대지에 비치는 / 천상의 공허함"을 무엇으로 달랠 것인가. 시집 후반부를 차지하는 〈저녁 기도〉 열 편의 목소리들은, 열망이 거두어진 자리의 공허와 기다림 속에서 여전한 평화를 응시한다. 그 평화는 그렇다고 해서 여름 지나 가을 걷이 끝나고 겨울에 들어가는 것처럼 항구적인 평화는 아니다. 정원사-시인이 신에 항변하는 음성도 계속되고, 뒤이어 신이 다시 인간에게 묻고 당부하는 목소리들도 여전히 견고한 이 세계의 해소되지 않는 질문들을 품고 있다.

가령, "당신 우리가 모른다 생각했죠. 아뇨 언젠가 우린 알았어요, / 아이들은 이런 것들 알아요"(〈저녁 기도〉6)라고 말을 할 때의 시인은 근친상간을 연상케 하는 인간 세계의 고통을 당신이 아니면 누가 만들었겠냐고 항변하고, 신은 "땅이 내게 기쁨을 줘야 한다고 / 너희들 어떻게 말할 수 있는지?"의 목소리로 그 항변을 되받아치면서 "너희들이 내 아이들이라는 걸 절대 잊지 말아라. / 너희들이 서로를 만졌기에 고통스러운 게 아니라, / 너희들이 태어났기 때문에, / 너희들이 내게서 분리된 삶을 / 살고 싶어 했기 때문"(〈이른 어둠〉)이라고 말한다. 서로가 여전히 서로를 이해하지 못하는 이 세계의 질서와 혼돈과 오해와 피로를 신은 신대로, 인간은 인간대로, 식물은 식물대로 견디고 있다. 풍요와 결실을 떠올리는 것이 자연스러운 〈수확〉의 들판에서도 신은 다시 겨울로 돌입하는 이 땅의 섭리를 알려 주면서 그 형벌을 견디라고 이야기한다. 장미도, 나팔꽃도, 반복되지 않는 이 생의 채찍과 형벌을 은총처럼 견딘다. 〈나팔꽃〉에서 "나 다시는 / 오르도록 허락되지 않기에, / 어떤 식으로든 나의 생을 / 반복하는 건 절대 허락되지 않기에"라고 말하는 목소리는 나팔꽃의 목소리이고, 독자는 비록 자연 세계의 나팔꽃은 다시 피어나리란 것을 알지만 그 목소리는 그 한때, 산사나무에 감긴 그 나팔꽃만의 고유한 외침이다. 단독자의 고립과 외로움을 꽃은 꽃으로서 안고 간다. 때가 지나, 시절 지나, 꽃이 다시 꽃으로 귀환한다는 것을 꽃은 알지 못한다. 인간이 죽음 너머를 알지 못하듯이.

그렇다고 하여 그 모든 존재의 순간들이 온통 '무'(nothing)인 것은 아니다. 〈프레스크 아일〉에서 시인이 회상하는 어떤 기억처럼, 모든 생애의 어떤 순간은, 하나의 이미지로 남는다. 〈물러가는 빛〉에서 장성한 자식을 바라보는 어머니의 시선을 하는 신의 목소리는 한 존재가 다른 존재에게 주는 기쁨을 명확하게 안다. 상실과 비통을 끌어안는 수긍이다. 서로가 의식을 하든, 의식을 하지 않든, 더 이상 내가 그 다른 존재에게 필요한 순간이 오지 않더라도, 그 어린 날의 기쁨과 추억과 기억 속에서 서로는 서로에게 가 닿고 완성되는 것이다. 그렇기 때문에 신은 인간에게 계속 말한다. 세상을 사랑하라고. 그리하여 신은 인간에게 완벽하게 돌아서지 못하게 한다. 신은 우리에게 그런 배반을 가르치지 않았기에 인간은 남아서 적막해진다. "어째서 당신은 내가 마지막에 / 적막해지길 바라시나요, 내가 희망에 그리도 목매는 걸 당신이 원치 않으시면"이라는 질문(〈저녁 기도〉7)은 다가오는 별리를 막지 못한다. 그래서 "내 인생의 사랑, 당신은 / 사라졌고, 나는 다시 / 젊어진다"(〈저녁 기도: 재림〉)는 꽃들이 산산이 부서진 가을과 겨울의 계절이다. 정말 아무 것도 아니었던 당신은 이제 하나의 이미지로 남아 도처에 있다. 사랑을 떠나보낸 이의 상실이고, 가장 믿었던 존재를 내려놓는 자의 텅 빈 공허지만, 그 떠나보낸 당신은 역시 이번에도 완전한 "무"는 아니어서 지혜와 고뇌의 원천으로 도처에 있다. 어쩌면, 이 상실은 부재가 증명하는 사랑의 방식일 것이다.

이처럼 아름다운 작별

시의 후반부에 들리는 음성은 이처럼 상실을 견디는 자의 인내가 주를 이룬다. 그리고 보면 이 인내는 다시 시의 처음으로 돌아가 죽음을 딛고 피어나는 야생 붓꽃과 눈물꽃과 부서져 말하는 꽃 양귀비의 세계를 예비하고 준비하는 인내가 될 것이다. 그렇기 때문에 〈저녁노을〉은 엇갈리는 절망과 슬픔과 오해 속에서도 언제나 너의 목소리는 내게 닿는다는 걸 아는지도 모른다. 한결같은 전망을 주지 못하는 세계에서 우리가 배워야 할 것은 여전히 나(신-타자)

를 사랑하는 법. 침묵과 어둠을 사랑하는 법이라고 말하는 것은 그런 이유다(《자장가》). 여전히 〈구월 황혼〉은 "나 너희들 없이 살 수 있어"라고 말하면서 "가장 깊은 애도의 상상"을 끝냈다고 호기롭게 외치지만, 우리는 이쯤에서 안다. 오고 또 가는 그 망각이 끝내는 다른 길을 열어 보이리라는 것을.

시집은 백합들의 세계에서 끝이 난다. 죽어가는 백합이다. 활짝 피어나던 무성한 한 철이 지났으니까. 그 지나침, 그 상실을 견인할 수 있는 것은 아무 것도 없다. 나를 키운 당신, 정원사-시인-아버지-하느님, 그 어떤 존재도 나의 죽음을 어쩌지 못한다. 마지막 시 〈흰 백합〉에서 남자와 여자는 여전히 정원을 하나 만들고 있다. 여름 저녁이다. 하루 저녁에 파국이 몰려와 모든 것이 끝날 수 있는 저녁이다. 이 세계는 그런 곳이다. 무한으로 이어질 것 같은 평화가 한순간에 끝날 수 있는 곳. 이 연약함에 깃든 존재들이 그러나, 여전히 환하게 피어 있다. 양귀비꽃의 물결로.

쉿, 사랑하는 이여. 되돌아오려고 내가
몇 번의 여름을 사는지 그건 내게 중요하지 않아요
이 한 번의 여름에 우리는 영원으로 들어갔어요.
그 찬란한 빛을 풀어 주려고 나를 파묻는
당신 두 손을 나 느꼈어요.

〈흰 백합〉 부분

흰 백합은 죽음으로 들어갈 준비를 하고 있다. 흰 백합의 목소리는 사랑의 상실을 앓고 견디는 인간의 목소리이기도 하다. 이 한 번의 여름이면 된 거다. 우리가 영원으로 들어갔던 그 한 시절이면

된 거다. 이 세상에는 다시 찬란한 빛이 뒤덮일 것이고 햇살은 햇살의 일을 할 것이고, 꽃은 꽃의 일을 할 것이다. 그것이 견딤이든 준비든. 나를 파묻는 당신 두 손을 느끼는 나(백합)는 그 파묻힘을 온전히 받아들인다. 인간 세계에서 그걸 무엇으로 표현하든 그건 중요하지 않다. 나는 시집을 덮으며 이 구절에 이르러 안도한다. 나를 파묻는 당신. 그 상실, 그 기다림, 괜찮다, 괜찮다, 다 괜찮다. 이 한 번의 여름이 있었으니. 몇 번의 여름을 사는지, 다시 귀환하게 될지 아니면 그걸로 끝이 날지, 그건 생각할 필요가 없다. 쉿, 사랑하는 이여, 그대로 되었어요. 괜찮아요. 잘 자요. 이처럼 아름다운 작별이라니. 다시 만나자는 말 따위 필요 없는 이처럼 고적한 수긍이라니!

글릭의 정원에 사는 목소리들은 때로 거부하고 대들고 항변하면서 불온한 전복성으로 이 세계의 질서를 뒤엎지만, 온전한 수용과 내핍의 세계에서 편안하다. 시들은 "내 말 좀 들어 봐"라며 가상의 청자를 끌고 들어와 말하지만, 많은 경우, 그 말은 다시 질문이 되어 돌아온다. 풀은 인간에게 묻고 인간은 신에게 묻고 신은 다시 풀에게 인간에게 되묻는다. 《야생 붓꽃》은 질문하는 목소리로 가득한 시집이다. 저마다 홀로이지만 저마다 서로 엮여 있는. 각각의 목소리가 던지는 질문은 다시 자신만의 대답을 품고 있고. 저마다 자기 무대 위에서 모놀로그를 하고 있지만, 결국은 큰 트라이얼로그가 되는 이 시집의 목소리는 결국 시를 읽는 우리 자신에게로 돌아온다.

글릭의 시에 가장 집중하던 시절은 버클리에서 팬데믹을 만났던 그 여러 달의 시간이었다. 혼자였고, 멀리 있었다. 대학 도서관 지하에서 육중한 서가를 밀어서 글릭의 시집들을 빌려 걸어서 집으로 돌아오던 오후가 생각난다. 버클리 대학에서 자주 가던 장소가 있는데 노란 꽃이 만발한 낮은 동산이었다. 동네 어디서든 흔하게 피는 꽃이었다. 집으로 돌아오던 중에 정원을 가꾸고 있는 어느 아담한 집의 주인에게 그 노란 꽃의 이름을 물었다. "Oxalis"라고 답을 하더니 "It's a weed. Not a flower."라고 두 번이나 강조를 하는 것이다. 그래서 노란 꽃이 내 눈에는 너무 예쁜데, 꽃과 잡초의 차이가 뭐냐고 되물었다. 잡초는 돌보지 않아도 된다고, 혼자 무럭무럭 잘 자란다는 답이 돌아왔다. 그렇다면 더욱 좋다고, 잡초여서 더 좋지 않냐고 되물었다. 글릭이 마녀의 꽃 '개기장풀'을 가지고 한 말은 사실 글릭이 자신에게 하는 말이기도 하다. 시에 화려한 미문이나 상징이 없어도 되고 좋은 대학의 졸업장이 없어도 된다. 시인은 외톨이여도 상관없다. 사랑은 잃어도 된다. 몇 번의 여름을 사는지 중요하지 않다. 그 한 번의 여름이면 충분하다.

시인이 우리 모두에게 전하는 말은 매 페이지마다 다른 얼굴, 다른 목소리로 나타나지만, 번역을 마무리하며 드는 생각은 이거다. 우리 각자는 우리의 빛을 만들면 된다. 나를 파묻는 당신 두 손을 나는 고맙게 맞으리라. 다시 한 번, 글릭의 정원에는 꿀벌이 없어도 된다. 이것이 죽음을 견뎌 낸 생존자 시인이 우리에게 전하는 낮은 음성이다.